JN026850

BISBEE'S

賞金総額世界一
フィッシングトーナメント

チーム鈴鹿

谷田育生
水沼伸光
磯貝哲
内藤伸二
野村佳子
文田幹根
谷健太郎

幻冬舎MC

BISBEE'S

賞金総額世界一フィッシングトーナメント

はじめに

視界がカジキの影で覆われる。

海面から飛び上がったカジキの黒光りするビル（角）が、目前に迫っていた。

まずい、刺される……。

幸いにもその時、カジキの巨体は逸れて船の右舷船腹にぶつかり、鋭いビルは顔をかすめ、再び海の中に消えた。

汗がどっと溢れ、気がつくと自分の足が、震えていた。

２００５年８月に、２００kgを超えるクロカワカジキを釣り上げた時のことである。カジキが海面で暴れ、自らのほうに向かって飛び迫ってきた時、死を覚悟した。そして釣り上げた瞬間、カジキとの戦いの勝利を実感する以上に、強く生を実感したという。

以来、日常が物足りなくなった。

チーム鈴鹿のメンバーは、経営者としてさまざまな難局を乗り越えて事業を拡大してきた。その人生は決して穏やかなものではなく、十分刺激的だったが、そんな毎日すらも霞んで見えた。

あの時の感覚を、もう一度味わいたい。

カジキの生息域は、主に波の荒い外洋である。そこまで船で出かけ、さらに船を走らせながら釣りをする「トローリング」によるカジキ釣りには、危険が伴う。海の様子が急転して荒れるのは日常茶飯事で、トラブルで漂流することもある。そうして海に出たまま帰ってこない人もいる。

200kg、300kgの大型魚と、数時間にもわたって格闘し、少しずつ弱らせ、船まで引き寄せてくる。だがその最中、少しでも油断をすれば、ライン（釣り糸）に巻き込まれて指や手首を切断したり、ロッド（竿）ごと海に引きずり込まれたりすることもある。
命をかけた戦いであるからこそ、釣り上げた時の充足感は、ほかの何物にも代えがたいとカジキ釣り師たちは語る。そして、カジキとの生死をかけた戦いが忘れられず、カジキ釣りの世界にのめり込んでいく人は多い。

２０１２年、はるか彼方にあるメキシコの海で、とある大会があることを知った。

「Bisbee's（ビスビーズ）」

世界中から、カジキ釣りの猛者たちが集い、腕を競うビッグイベント。
毎年１００艇を超える船が出艇し、祭りのように盛り上がる。
ポイントは世界有数のカジキの生息域で、とんでもない大物も多数存在する。
そして優勝賞金は、世界最高額となる、約４億円――。
自分たちが求めていたのは、これだと確信した。

はじめに

チーム鈴鹿が初めてビスビーズにエントリーしたのは、２０１２年。以来、３度にわたって挑戦し、２０１４年には「リリース部門２位」となるが、優勝の栄誉を手にしたことは、まだない。

〝４度目の正直〟を目指し、谷田 育生が６人のメンバーに声を掛けたのは、２０１８年の秋だった。

水沼 伸光。
磯貝 哲。
内藤 伸二。
野村 佳子。
文田 幹根。
谷 健太郎。

メンバーを結びつけたのは、三重県津市に位置する「マリーナ河芸《かわげ》」。谷田、水沼、磯貝、内藤、文田、谷はマリーナ河芸に所有する船を停泊させており、一緒に釣りを楽しむ仲間で、海の男である。谷田のゴルフ仲間である野村は、旅行と海をなにより愛し、強い好奇心と参加への熱意を買われての加入となった。

２０１９年、９月。７人の仲間が集まり、新たな「チーム鈴鹿」が結成された。悲願の優勝を狙う。

「知ってのとおり、日本人で優勝した人間は、今まで誰もいない。その偉業を成し遂げるのは、我々チーム鈴鹿であり、今年がその年だ！」

今回目指すメキシコの海に、どのような困難が待っているのか。この時のメンバーたちには、知る由もない。

果たしてチーム鈴鹿は、歴史を変えることができるのか。

これは、２０１９年10月、メキシコで開催されたカジキ釣り世界大会「ビスビーズ」に挑んだ、７人の日本人の記録である。

目次

第2章▼ジャックポットを狙え！　7人の日本人挑戦者たち

【本戦2日目】

【本戦3日目】

第5章▼再び、世界の頂を目指して。終わらぬジャックポットの夢

おわりに

SIMRAD
Raymarine
Raymarine

第1章

賞金4億円！ 世界最高峰のフィッシングトーナメント「Bisbee's」

世界が熱狂「Bisbee's Black & Blue」

「世界最大のカジキ釣り大会
その熱狂が、中毒者を生み出している」

優勝賞金が時に4億円を超える、釣り大会が存在する。

そう聞いて、驚かない人はほとんどいないだろう。

「Bisbee's Black & Blue（ビスビーズ ブラック&ブルー）」

年に一度行われる、世界で最も有名なカジキ釣りトーナメント。

桁外れの賞金と、400㎏クラスの大物を狙い、カジキ釣りの猛者たちが世界中からやってくる。

その舞台は、日本から1万㎞以上離れた地、メキシコであり、日本での知名度はまだ低いが、それでも世界のカジキ釣り師たちのなかでは徐々に知られるようになってきた。芸能界一の釣り名人として知られ、マグロをはじめとした数々の大物を釣り上げてきた故・松方弘樹さんも、このトーナメントの常連であった。

トーナメント名の「Bisbee's」は、主催者であるボブ・ビスビー氏の名を冠している。そして「Black & Blue」とは、釣り上げるべきカジキ（英：マーリン）の種類を指している。カジキのなかでも特に巨大に成長する、「ブラックマーリン」か「ブルーマーリン」をターゲットとした大会である。

カジキ釣りは、船を走らせながら餌やルアー（疑似餌）を流す「トローリング」という釣り方で行う。したがって、このトーナメントにエントリーするには、チームごとに最低一艇の船が必要となる。

トーナメントが始まった1981年、第1回大会の参加者はわずか6艇だったという。その後、メキシコやアメリカを中心に知名度が上がり、現在では100艇を超える船が集まる、世界最大級のカジキ釣り大会へと成長を遂げた。

大会は、3日間の本戦に前夜祭、後夜祭を加え、5日にわたって開催される。

メキシコ西部のロスカボス地域にあるカボ・サンルーカス湾を中心に、半径40マイル(約64km)の海域が、釣り師たちの戦いの場となる。

この海域では、ブラックマーリン、ブルーマーリンのほかに、ストライプドマーリンや、マグロなどの大型魚も存在しているが、トーナメントで計量の対象となるのは、その名が示す2種のみ。

トーナメントを通じ、最も大きな個体を釣ったチームが優勝となるが、港に戻って計量できるのは、300ポンド(約136kg)を超える個体であり、サイズ不足の魚を持ち込んでしまえば、ペナルティが科せられる。こうして重量制限を設けることで、まだ若い個体を保護している。なお、検量できる魚は、1チームで2匹までとなっている。

第１章　賞金４億円！
世界最高峰のフィッシングトーナメント「Bisbee's」

「一度でも出場したら、もうやめられない。中毒になるんだ」

トーナメントの常連は、そう言って笑う。

実際に、リピーターも多く、5回、10回と参加を続けているつわものもいるという。

トーナメントの魅力は、カジキ釣りだけにとどまらない。

メキシコ有数のリゾート、ロスカボス地域。そのなかでも指折りの美しさを誇るカボ・サンルーカスのマリーナに、カジキ釣りファンや観光客が何千人も集まり、トーナメントの結果を、かたずを飲んで見守る。どの船が優勝するか、地元では賭けが行われている。

華やかなラテン文化の地だけあってか、前夜祭、後夜祭の熱狂はひとしおで、日本の三大祭りにも引けを取らない。

この〝祭りの熱狂〟こそが、ビスビーズの真骨頂であり、他の大会ではなかなか類を見ない魅力となっている。福岡県の博多で行われている「博多祇園山笠」では、毎年の祭りに人生のすべてをかけ、そのために生きているといってはばからない人を「山のぼせ」というが、ビスビーズも、トーナメントの熱狂と興奮が忘れられない、「ビスビーズのぼせ」を毎年生み出しているのだ。

「オールオアナッシング」が大会の掟

「釣果が上がらなければ、参加費は戻らない
まさに、のるかそるかのギャンブルだ」

そもそもなぜ、賞金が何億円という高額になるのか。
それほどの賞金に見合うような、開催のメリットがあるのか。
実は賞金は、主催者側が用意しているわけではない。
参加者たちから集めた金額が、ほぼそのまま賞金となるのだ。したがって、参加者が

多いほど、賞金は膨れ上がっていく。過去に最も賞金額が大きくなったのは2006年のトーナメントであり、優勝チームは416万5960ドル（1ドル110円として、約4億5800万円）を手にした。

基本となるエントリー費は、一艇あたり約200万円。

「3日間で最も大きなカジキを釣る」のが優勝（ジャックポット）となる。ビスビーズには、そのほかに、「各日のうちで最大のカジキを釣る」というデイリージャックポット、「リリースサイズのなかでポイント（数、大きさで加点）を稼ぐ」のが条件のリリースといった部門が存在している。

各部門にエントリーするにはそれぞれ費用がかかるが、参加しておけばそれだけ、賞金を手にする可能性が上がる。また、優勝サイズのカジキを釣れば当然、「各日のうちで最大のカジキを釣る」といった複数の条件も満たすことになり、賞金が重複してもらえる。

これが、数億円の賞金を手にすることができるからくりだ。

参加者は、賞金に絡む確率を上げようと思うなら、相応の負担を負うことになる。基本のエントリー費だけで勝負し、ジャックポットに賭けるか。あらゆる部門にエントリーし、トータルの賞金でより大きく稼ぐか。その選択から、駆け引きは始まる。

ちなみにチーム鈴鹿のメンバーは、迷わずすべての部門にエントリーし、マックスベット。賭け金だけで約１０００万円を投じ、「負けられない状況」にまで自分たちを追い込んだ。

ただし、トーナメントに出場するのに必要なのはエントリー費だけではない。日本から参加するなら、自らの船で太平洋を横断するわけにはいかず、基本的には現地で船とそのクルーを雇うことになる。その費用は船の大きさや船長のキャリアによって変わってくるが、一般的な仕様の船をチャーターする場合で1日あたり80万円ほどかかる。ロスカボスまでの渡航代も数十万円、そのほかに宿泊費もある。

一人で参加するなら、獲得した賞金のすべてが自分のものになるが、諸費用もまた個人で負担することになる。チームでは、参加人数が多いほど諸費用を分割できるが、賞金も分割される。

そしていうまでもなく、釣果が上がらなければ、1円のお金も戻ってはこない。

まさに、のるかそるか。

こうした高いギャンブル性も、参加者たちをとりこにし、熱狂を生む理由の一つとなっている。

第1章　賞金4億円！
世界最高峰のフィッシングトーナメント「Bisbee's」

決戦の海はメキシコ・ロスカボスにあり

「カボ・サンルーカスのマリーナが興奮で染まる年に一度の〝祭り〟がやってくる」

トーナメントの舞台であるロスカボスは、メキシコ西部にあるバハ・カリフォルニア半島の南端に位置している。

バハ・カリフォルニア半島は、北のティフアナから南のカボ・サンルーカスまでおよそ１２００㎞にわたって伸びており、日本の本州に迫る長さを誇る。

半島は二つの行政地域に分かれており、北緯28度線を境に、北部はバハ・カリフォルニア州、南部はバハ・カリフォルニア・スル州となっているが、半島全体でバハ・カリフォルニアと呼ぶことが多い。

半島は、外側にある太平洋と、アメリカ大陸側にあるコステル海（カリフォルニア湾）に挟まれている。コステル海には、複雑な地形による世界屈指の豊かな生態系があり、ダイビングのメッカとしてその名を知られる。そのコステル海と太平洋が出会う地点が、半島の最南端、カボ・サンルーカスであり、世界有数のカジキの生息地となっている。

カボ・サンルーカス近海が、カジキ釣りの優良ポイントである理由の一つが、一気に深くなる海底の地形にある。陸から数十メートル離れればすぐに１００～２００ｍという深さとなり、カジキの生息域に、さほど船を走らせずとも到着できる。

日本からロスカボスを訪れるには、まずはメキシコシティ国際空港まで約13時間かけて飛び、そこから国内線に乗り継いでさらに2時間ほどで、ロスカボス空港に到着するルートのほか、アメリカのロサンゼルス空港やヒューストン空港を経由するルートなどがある。

ロスカボスの気候は、5月~11月の夏季と、12月~4月の冬季で分かれる。1年を通じた平均気温は26度だが、夏季には30度を超える日々が続き、冬季は15度ほどまで下がるという寒暖差がある。

よく乾燥した砂漠地帯で、砂丘にサボテンが生える、メキシコらしい風景がどこまでも広がっている。「年間300日は晴天」といわれるほど、晴れが多いエリアだ。

ロスカボスの名は、日本ではあまりなじみがないだろうが、アメリカでは有名で、高級リゾート地として人気が高い。観光客が1年を通じて訪れ、その美しい海に身も心も委ねて、バカンスを過ごしている。

ロスカボス空港から車で30分ほど走れば、カボ・サンルーカスのマリーナへと着く。マリーナ周辺には高級リゾートホテルが立ち並び、普段は、アメリカから船でやってきたセレブたちがのんびりと過ごしている、静かな土地だ。

この土地が、熱狂し、興奮に包まれる、年に一度のビッグイベント……それが、ビスビーズである。

総合優勝のジャックポットを果たした日本人は、いまだなし

「表彰台の最も高い位置へと登り詰める日本人は、いつ現れるのか」

日本において、カジキ釣りは一般的とはいえず、その知名度も高くはない。静岡県下田市で毎年開催されている「国際カジキ釣り大会」など、メジャー大会はいくつかあるが、どれもそれほど知られてはいない。カジキ釣り師の数も、決して多くはない。

しかし、各人のカジキ釣りにかける情熱は、どの釣りよりも深く、一部の熱狂的なファンが、日本のカジキ釣りシーンを支えている。

そうした熱狂的ファンの一人が、故・松方弘樹氏であった。

松方氏は、ハワイやオーストラリアのカジキ釣り大会で優勝するほどの腕の持ち主で、世界を股にかけて、カジキを追い続けていた。

そんなスペシャリストでさえも、ビスビーズの表彰台には、届かなかった。

そしていまだ、優勝賞金を手にした日本人は、誰もいない。

モンスターフィッシュを狙え！
釣りの最高峰「トローリング」

「900kgを超える超大物も存在
カジキ釣りは〝究極の釣り〟である」

カジキ釣りは、海面に釣り糸を垂らし、仕掛けを海中に漂わせるような一般的な釣りとは、まったく違った方法により行われる。

その釣法が、「トローリング」。

釣り針の付いたルアーを、船を走らせて引っ張り、生きて海面を跳ね泳ぐ魚のように見せて、フィッシュイーター（魚を餌とする魚）を誘うという釣法である。

カジキのほか、マグロ、カツオ、ブリ、シイラなど、トローリングのターゲットとなる魚の種類は豊富にいる。共通しているのは、いずれも海面近くを泳いで餌を捕食する回遊魚であるという点で、いわゆる〝青物〟を狙う釣り方の一つだ。

トローリングによるスポーツフィッシングはアメリカが発祥といわれるが、実は日本でもほぼ同じ釣法が昔から行われてきており、マグロ漁の伝統漁法「ひき縄釣り」が、トローリングにあたる。

世に数ある釣りのなかでも、カジキ狙いのトローリングは「究極の釣り」の一つに数えられている。

その理由は、大きく二つ、挙げられるだろう。

まず、スタートラインに立つまでのハードルが高いこと。

トローリングをするには、当然船が必要になる。

カツオやブリ、カンパチといった小型の魚種を狙うなら、20フィート（約6ｍ）前後のフィッシングボートでもトローリングは可能だが、カジキを狙うとなると、その生息域である外洋に出て、波にも負けずぐいぐいと走るパワーが求められることもあり、35フィート（約11ｍ）以上のクルーザーを使うことが多い。ただ、大きな船はそれだけ値も張り、40フィート（約12ｍ）を超えるクラスのクルーザーで数千万円、さらにサイズが上がれば、億を超える値がつく。

船を操縦して外洋へと出ていくには、海岸から１００海里までの海域で船を操れる「一級小型船舶免許」の取得が求められる。

そのほかに、ロッドやリール、ルアー、水温計、ＧＰＳ、魚群探知機、無線など、トローリングのための道具や設備も一通りそろえねばならない。

こうした高きハードルを越え、自らカジキ釣りの世界へと入っていけるのは、ほんの一握りだろう。

究極の釣りといわれるもう一つの理由は、釣りのターゲットのなかでも最大級の魚で

ある、カジキを狙うということ。

ここでカジキという魚についても、説明を加えておく。

カジキは、スズキ目カジキ亜目に属する魚の総称である。

日本でも知られ、食用としても流通しているが、海外ではスポーツフィッシングの代表的なターゲットとして有名であり、ノーベル文学賞を受賞した作家、アーネスト・ヘミングウェイの小説『老人と海』にも登場する。

一定の地域を移動しながら暮らす回遊魚である。広大な外洋を泳ぎ回り、温暖な海域を中心に世界中に広く分布している。

特徴的なのはその容姿で、上あごが剣のように長く伸びている。このビルは、餌となる魚の群れに高速で突進したのち、魚を叩いてダメージを与え捕食するほか、サメなどの天敵から身を守るのにも使われている。和名である「カジキ」は、その硬く鋭いビルで、船の舵をとる木板を突き通してしまうため「舵木通し」と呼ばれたことから来ているという説がある。

シルエットは、まさに速く泳ぐために生まれてきたような美しい流線形で、時速100㎞にも達する高速で泳ぐことができる。

1匹または数匹の群れで行動し、つがいの絆が強いといわれている。その気性は荒く、時に船にぶつかってきて船底を損傷させるようなこともある。

産卵期の5月から9月にかけては、沿岸海域でもその姿が見られるようになり、この時期がカジキ釣りの本シーズンとなる。

釣りのターゲットとしての大きな魅力は、その巨体にある。

100㎏クラスは当たり前で、200㎏、300㎏という大物も多数いる。800㎏、

９００kgというクラスが釣り上げられた記録もあり、小舟と大差ない大きさであるから、まさにモンスターである。

カジキ釣りの醍醐味は、確かにこうした「大物とのファイト」にある。

ただ、実はそれだけにはとどまらない。

自ら操船してカジキを狙うなら、海域の選択に始まり、天候、海流と海水温の状況といった海の状態を読み解いたうえで、ルアーの選択、船を走らせるスピードなど、あらゆることに気を配る必要がある。

その意味で、カジキが釣り針にかかる前から、すでに勝負が始まっているといえる。

大海原で、知略を巡らせ、カジキに迫っていく――その過程も、カジキ釣りの大きな魅力であり、奥深さとなっている。

こうしたことから、カジキ釣りの熱狂的なファンが世界中に点在し、カジキを求め大海原へと、日々船を出しているのである。

第2章

ジャックポットを狙え！

7人の日本人挑戦者たち

つわものが集う伊勢湾「マリーナ河芸」

「互いに命を託した経験がある海の仲間は、特別。無条件で信頼できるようになる」

三重県の北部、津市と鈴鹿市の市境からほど近いところにある、小さな停泊港「マリーナ河芸」。

目の前には伊勢湾が広がり、外洋に向かって走れば熊野灘へと通じる日本屈指の豊かな漁場をフィールドとしており、釣り好きのボートオーナーたちがこぞって船を並べる、知る人ぞ知るマリーナである。

実際に、オーナーのほとんどは釣りをたしなみ、プロ級の腕前を持っている人も珍しくはない。

「全国探しても、オーナー同士がこんなに仲のいいマリーナは、ないだろうな」

チーム鈴鹿のメンバーがそう語るように、マリーナ河芸のオーナーたちはよく連れ立って釣りに出かけたり、静岡の伊豆や和歌山の勝浦あたりまで遠征を楽しんだりしている。

そうして〝海でつながった〟仲間たちの、絆は深い。

「海の仲間は、特別。海の上では、命に危険が及ぶことがよくある。そこで互いに命を託し、協力して死線を乗り越えるような経験をした相手は、その先無条件で信頼できるようになる」

真に心を許せる相手は、家族以外ではほぼ海の仲間しかいなくなるほどだという。

この「マリーナ河芸」での出会いとつながりから、「日本人として初めて、ビスビーズで優勝する」という夢が生まれ、チーム鈴鹿が誕生することになる。チーム鈴鹿の面々が、どのようにして集い、なぜビスビーズに参加することになったのか。ここで、それぞれのエピソードを紐解いていこう。

FILE. 1

谷田 育生

TANIDA IKUO

チーム鈴鹿のリーダー

カジキ釣り師が集うマリーナ河芸でも、頭一つ抜けた実績と経験を持っている、最強のハンター。それが谷田である。

30歳で27フィート（約8ｍ）の船を買って以来、間断なく海に出続け、30年以上にわたりカジキ釣りの腕を磨いてきた。

これまで釣ったカジキは、数えきれない。ワンシーズンに1、2本上がれば御の字というカジキ釣りの世界では、圧倒的な実績である。

大会にも数多く出場しており、いくつもの栄誉に輝いている。

ただ、現在の谷田は「食べきれないほど釣って無駄な殺生をしたくない」という思いから、大会出場などを除き「釣るのは1年で1匹だけ」と決めているという。

ビスビーズにも、過去に3度の出場経験がある。

「世界一のカジキ釣り大会がある」。知人からそう聞いた2012年に、釣り仲間と3人で初参加して以来「深い青をたたえた美しい海と、ビスビーズの魅力に取り憑かれた」と言う。翌年、翌々年と連続で出場し、メキシコの海でカジキを追ってきた。最も好成績だったのが、２０１４年度。リリース部門で2日目まで首位を走るも、最終日に逆転され、2位に……。1位なら約1億５０００万円の賞金を手にするところが、2位転落で賞金は約２００万円まで減ってしまった。

「いつか必ず、優勝する」

雪辱を胸に、２０１５年以降は日本の海で牙を研ぎ続け、4年越しの悲願達成へ向けて、ついに始動。

カジキ釣りを極めしその知識と、海上での豊富な経験で、曲者ぞろいのチームを引っ張るリーダーである。

●運送業と不動産投資で財を成す

谷田は普段、運送会社の会長として仕事をこなしているが、その哲学は一風変わっている。

「社長が遊ぶほど、会社は儲かる。仕事よりも人生を楽しむ、不真面目な社長であれ」

第一線を退いた今はもちろん、経営者として辣腕を振るっていた30代から50代の時も、週1回ほどしか会社に顔を出していなかったという。

谷田の半生と成功の軌跡は、『社長が遊べば、会社は儲かる』という一冊の本にまとまっているので、詳細はそちらに譲る。

本業の運送業に加え、谷田が大きく成功を収めたのが、不動産投資である。

リーマンショック後の経済低迷期にあえて大きく借金をし、物件を購入するなど豪胆な投資方法で勝ち続け、その資産は70億円を超える。

仕事と釣りには、共通するところが多いと谷田はいう。

「両方とも、時合いにぶつかれば、放っておいてもうまくいく。難しいのは、状況が悪くなった時に、いかに耐え忍びつつ成果を出していくか。それができる人間は、仕事でも成功するし、カジキ釣りでもいつか釣果を上げられるだろう」

●独学で始めたカジキ釣り

谷田は30歳で船舶免許を取得し、船を購入した。

さっそく沖釣りに出かけると、アジやサバが大量に釣れた。以降も、海に出れば必ず100匹以上の釣果があり、すぐに飽きてしまった。

その後谷田は、近所の釣具店の店主に、こう聞いたという。

「一番釣りにくい魚は、何だ」

店主は答えた。

「それは、カジキでしょう」

そこからカジキについて自分で調べ、道具をそろえて、釣りに行くようになった。まったくの独学である。

最初は当然のように釣れなかった。たまたま沖で遭遇したカジキ釣り船の真似をするなど、試行錯誤の連続のなかで、少しずつカジキについて、そして海について学んでいった。

カジキ釣り師たちは、初めて自分が釣った1匹を「ファーストマーリン」と呼ぶ。谷田のファーストマーリンは、釣りを始めて2年目の秋に、ようやく上げた。

「地元でシーズンが終わっても諦めきれず、グアムまで出かけていって、ヒットした1匹。サイズは120kgで、最高だった。もうその時点で、カジキ釣りの魅力に取り憑かれていた」

それから毎シーズン、狂ったようにカジキを追った。漁師でも船に乗るのは年間

５００時間ほどだが、谷田は年間８００時間も船に乗り、海の上で過ごした。

予期せぬ大しけで波に飲まれたり、外洋でいきなりエンジンが止まったり……数えきれぬほど、トラブルにあった。

命の危機を感じたことも、一度や二度ではない。

しかしそれでも、いや、だからこそ、カジキとの戦いはやめられない。谷田にとって、カジキ釣りは、自分の生を実感できる唯一のものであり、もはや人生に不可欠な刺激となっていた。

家の比較的近くにあった、マリーナ河芸に初めて船を置いたのが１９９６年。52フィート（約16ｍ）のサロンクルーザーは、入港すると注目を集めた。

その釣りの腕前から、すぐに一目置かれる存在になった。そして、請われるままにカジキ釣りの知識や技を教えていったところ、いつしかマリーナ河芸のカジキ釣り師の中心的存在となり、今に至っている。

FILE. 2

水沼 伸光

MIZUNUMA NOBUTERU

経験豊富なベテラン釣り師

チーム鈴鹿において、谷田の右腕といえる頼れる存在が、水沼である。

実際に谷田とは何度も一緒に海に出てカジキを追い、釣果を上げてきた。谷田いわく「最強コンビ」の相棒だ。

2018年、日本で最もメジャーな大会である「国際カジキ釣り大会」に谷田とともに出場した際には、150kgのカジキを3日間で3本釣り上げるという偉業を成し遂げている。


幼少時代から釣りにいそしみ、船釣り、磯釣り、ルアー釣りなど、あらゆるジャンルの釣りをこなしてきており、プロ顔負けの腕前を持つ。

そんな水沼が最後に行き着いたのが、カジキ釣りだった。


「カジキを探して見つける過程。船を走らせ、効果的なルアーを使って、針にかけるまでの技術。そして針にかかってからの、数時間に及ぶファイト……。すべてを自分でイメージし、知恵を巡らせねば魚に巡り合うことすら叶わない。まさに究極の釣りだと思う」と、水沼は語る。

船を所有して27年、カジキ釣り歴は23年。

忙しい仕事のかたわらで船を出すので、シーズンに上げる本数はさほどでもないというが、行けばほぼ確実にかけるというのが、水沼のすごみである。数回出場したマリーナ河芸の大会でも、表彰台に登っている。

特にルアー選びにおいては、水沼の目ききが頼りになる。

自ら80個ものカジキ用ルアーを所有。海の濁りや潮の速さといったコンディションや、カジキが捕食しているベイト（餌）などを予測し、時間ごとに移り変わるヒットルアーを見抜く。

釣りを知り尽くしたベテランは、初参加となるビスビーズの大舞台で、何を見いだすのか。

●経営者として辣腕を振るう

水沼は現在、自動車の部品を製造販売するメーカーの社長を務めている。

大学を卒業後、自動車部品メーカーに就職し、エンジニアとして現場作業を経験。24年間勤めたが、「タイミングをみていずれ独立したい」と考えていたという。

条件が整い、2006年に会社を設立。

以来、順調に売上を積み上げてきた。

「新しい車の図面が届いて、それをもとに実際に部品を作り上げていくのは、いくつになってもわくわくする。もともと、ものづくりが大好きだったからね」

リーマンショックや東日本大震災では、売上が大きく落ち、厳しい舵取りを迫られた時もあった。

「海と一緒で、荒れる日も当然あるけれど、いつか晴れる日が来ると信じてやるしかない。仕事で大切にしているのは、義理人情。ものづくりだから、いいものを作るのは当たり前として、そこで生じる人と人との付き合いを大切に、困った人がいれば助けるし、人から受けた恩は必ず返す。それに尽きると思う」

●カジキに惹かれ、外海へ

水沼は、三重県津市の生まれ。

小さなころから海がずっと身近にあった。

幼稚園から父の釣行についていき、防波堤でハゼやセイゴを釣った。

社会人になってから、数年間は磯釣りに熱中し、その後船釣りの道へと進む。

船に乗るようになり、船宿が提供するあらゆる釣り物を釣り尽くすと、新たな思いが芽生えてきた。

「もっと自由に、もっと大きな魚を狙いたい」

友人と共同で船を購入したのが、30歳のころ。

26フィート（約8ｍ）のフィッシングボートだった。

それで近海のブリやマダイ、カツオなどを4年ほど釣りまくり、おおむね満足した水沼は、次のステップへ踏み出した。より大物を釣り上げるべく、31フィート（約9ｍ）の船を購入したのだ。

その愛艇を置いた湾港が、マリーナ河芸だった。

このタイミングで、谷田との出会いがあった。

そして谷田の導きにより、カジキ釣りの世界へと足を踏み入れることとなった。

「カジキは個体数が少ないから、広大な海で探すのが難しい。闇雲に操船していても、釣れるどころか巡り合うことすらない。カジキ釣りを始めてから5年間、ファーストマーリンに恵まれなかった。こんなややこしくて、面白い釣りが世の中にはあるのか。

そう思った」

最初の1匹を上げたことで、カジキ釣りのコツや押さえるべきポイントが見えてきた。カジキ釣りの本質がいち早く見抜けたのは、これまで積み上げてきた釣りのキャリアのおかげにほかならない。

魚の習性、実際の動き、操船の仕方、そして針にかけてからのファイト。すべてが自分なりにイメージできるようになるまで、そう日はかからなかった。

現在では、カジキ釣りに53フィート（約16ｍ）、近海釣り用に33フィート（約10ｍ）という2艇の船を所有し、釣りを満喫している。

FILE. 3

磯貝 哲
ISOGAI AKIRA

掛けたら逃さない
パワーアングラー

身長170cm。がっちりと鍛え抜かれた上半身と、太い腕。握力はゆうに60kgを超える。そんな磯貝は、チーム鈴鹿一のパワーとスタミナの持ち主であり、モンスタークラスのカジキをねじ伏せるのには欠かせない存在だ。

31歳から船を所有し、操船の経験は豊富ながら、カジキ釣りを始めたのは、2014年だという。

そのきっかけとなったのが、ビスビーズだった。

「谷田さんに誘ってもらいました。経験もないのに無理だと思ったけれど、まあとりあえず行ってみたらいいと勧められたんです」

大会前に、谷田のレクチャーのもとで3回ほど海に出て、カジキ釣りのいろはを学んだが、その難しさに舌を巻いた。

そうして素人同然で出場した2014年ビスビーズトーナメントでは、幸運にもチーム鈴鹿としてビスビーズの表彰台に上がることができた。勝敗が最後まで揺れ動き、そのギャンブル性も体感してとりこになった。

引き続き2015年のビスビーズトーナメントにも参加。そこで初めて、アングラー(釣り手)としてロッドを握り、自らの手でカジキを釣り上げた。サイズは大会規定の300ポンドに届かず、リリースとなったが、その1匹が磯貝のファーストマーリンとなった。

谷田に次ぐ回数、メキシコの海を経験しているパワーアングラーは、果たして今回も、カジキとの戦いを制することができるか。

●地域を支える経営者

普段の磯貝は、自動車関連の会社を率いる経営者である。地域で古くから続く企業の3代目にあたり、2015年に社長の座を譲って現在は会長職にあるが、代表権を持ち、経営を指揮している。

大学で経済学を修めてから、2年間修業したのち、親の経営していた現在の会社に入社。

最初の4年間は現場仕事や、トラックの運転手として自ら製品を配送していた。元来体が丈夫だったことに加え、1日計3トンもの荷の上げ下ろしを続けたおかげで、パワーが付いた。

その後、営業部や工場長などの要職を歴任してから、42歳で社長に就任。300人の社員たちを率いる立場となった。

仕事は比較的、安定しているというが、リーマンショック時には、会社を週休3日にしても、ぎりぎりの状況が続き、「もはやこれまでか」と腹をくくったという。そんな荒波を幾度か乗り越え、今は地域経済において、なくてはならない一社へと成長を遂げた。

「海に出たら、頼れるのは己の腕一本です。自らの力でなんとか波を越え、未来を切り拓いていかねばなりません。だからこそやりがいがありますし、うまくいった時の達成感は、何物にも代えがたいですね」

●カジキとの格闘が、たまらない

磯貝は、最初から海を愛する男だったわけではない。

幼少期から車が好きで、よくプラモデルを作っていた。その憧れが高じて、大学時代にラリー（車のレース競技）に出場するようになった。

ただ、社会人になってからは出場機会がなくなり、その代わりに熱中するようになったのが、山遊び。そこから延べ20年以上、キャンプやトレッキングにいそしんできたという。

そんな山男が、海へと目を向けるきっかけとなったのが、知り合いの船に乗せてもらったことだった。その爽快感が忘れられずにいたなかで、マリーナ河芸の経営者とたまた知り合い、2003年に船を購入した。

そこからは、心を海に奪われた。

毎年のように、広島や横浜など遠方へクルージングに出かけた。

カジキ釣りとの出会いは、前述のとおり2014年のビスビーズだった。そのトーナメントが終わってから、カジキの世界に本格的にのめり込んでいった。

最初は「釣りたい」という思いばかり先行していたが、「本気でやるならまず操船を覚えたほうがいい」という谷田のアドバイスもあって、トローリングの操船技術を覚えるようにした。

2015年のビスビーズでファーストマーリンを上げたあと、さらなる幸運があった。

2016年8月のマリーナ河芸の大会で、チームが3位に入賞したのだ。

そのあたりから、独力でカジキを求め海に出るようになった。以来、ワンシーズンに5、6回は出船しているが、残念ながら釣果は上がっていない。カジキ釣りでは、「もう5年も釣れていない」という人もいる。その並外れた難しさは、ほかの釣りにはない魅力でもある。

「カジキとのファイトを想像するだけで、うずうずします。頭が真っ白になり、ひたすらに全力でリールを巻き続ける、あの時間は最高です。船の横まで寄ってきたカジキと、目が合うことがあります。その瞬間、カジキも命がけであることが伝わってきて、身震いします。カジキ釣りは私にとって、まさに格闘技。倒すか、倒されるかという、究極の興奮を味わわせてくれます」

FILE. 4

内藤　伸二

NAITO SHINJI

釣りを愛し、酒を愛する

チーム鈴鹿のムードメーカーといえば、内藤である。酒が大好きで、船上でのんびりと釣り糸を垂らしながらビールを飲むひと時を、こよなく愛している。

普段は物静かだが、時に思い出したように冗談を言って、クルーたちの笑いを誘う。いつもマイペースで、あまり焦ることがない。その分、状況判断が常に冷静であり、分析能力に長けている。

美食家の一面もあり、釣りたてで鮮度のいい魚をおいしく食べることを、釣りの大きな目的としている。40kgのキハダマグロを釣り上げ、仲間に振る舞い、大いに舌鼓をうったこともあるという。

ビスビーズには、2017年に参加した経験があるが、その時は残念ながら賞金をつかむことができず、今回が二度目のチャレンジとなる。

幼少時代から釣りに親しみ、船に乗るようになって8年が経った。

その経験と分析能力を活かし、本大会でもチーム鈴鹿の釣りの精度をより高く引き上げる役割を担う。

●豊富な知識と経験で職人たちを束ねる

愛知県で外壁塗装の会社を営む、内藤。

10代で塗装業界の道へと進み、23歳のころには、若い衆14人を抱えて独立していた。

会社をつくってから10年ほどは、自らも職人として現場に出ていたが、組織の拡大に伴って、経営に専念するようになった。

バブル期には、マンションや学校などの大型案件がたくさんあり、それらを中心に仕事を回してきたが、バブルが弾けてからは、そうした案件の量が徐々に減ってきた。

その代わりに伸びてきたのが、ハウスメーカーからの依頼だった。そこでハウスメーカー一本で勝負することに決めた。

その判断は、正しかった。

会社は50人の社員を抱えるところまで成長。

現在でも仕事が切れることはなく、新築の外壁塗装とコーキング、屋上の防水など年間600棟程度を手掛けているという。

ここまで成長できたのは、「自分なりに誠実に人と向き合ってきたからかもしれない」と内藤は語る。

ある時、依頼主から振り込まれた明細を見ると、事前に聞いていたよりも、金額が多かった。内藤はすぐにそれを指摘し、余剰金を相手に返したという。そんな実直な人柄が、現在の信頼につながっているのは間違いないだろう。

●二度目のチャレンジで、雪辱を果たせるか

内藤が釣りを始めたのは、小学校のころだった。

近所をゆうゆうと流れる木曽川へと出かけていっては、スズキなどを狙っていた。

本格的に海釣りをやりだしたのは、20代に入ってから。

仲間と遊漁船に乗り、ブリやメバルなど、食べておいしい魚を追い求めた。

そんな日々のなかで、飲み仲間が持っていた船に乗せてもらったことが、内藤のその後の人生を変えた。

「自分の船で沖に出て、のんびりと釣りができれば、最高だろう」

そう考えて、２０１２年に29フィート（約９ｍ）の船を購入した。

その船の停泊先に選んだのが、マリーナ河芸だった。

初めてカジキ釣りを手掛けたのが、2016年。
ボートメーカーの人に誘われて、マリーナ河芸の大会に出場した。
初めて行ったカジキ釣りで、内藤はファーストマーリンを上げた。
その興奮と感動は、いまだに記憶に刻まれている。

谷田について「ビスビーズに出ている釣り師がいる」というのは知っていたし、顔を合わせれば会話をしていた。
谷田から「また出場する」という話を聞いた時は、心が躍った。迷わず参加を決め、2017年の雪辱を果たす日を心待ちにしてきたという。

FILE.5

野村 佳子

NOMURA YOSHIKO

チーム鈴鹿の紅一点

釣りの経験はないながらも、海への情熱と強い好奇心により、チーム鈴鹿に加わったのが、野村である。

ビスビーズについては、話に聞いたことはあれど、まさか自分に参加のチャンスが巡ってくるとは予想していなかったという。

「谷田さんと一緒にゴルフをしていた時に、メキシコの釣り大会に出るというのを聞いて、ぜひ私も行きたいとお願いしたんです。メキシコは、一度行ってみたいと思っていましたし、新しいことにチャレンジするのも大好きだから、即決でした」

釣りの経験はないが、クルーの一員として自分でもできることはきっとある。

そうして野村がたどり着いた自らの役割は、記録者だった。

写真の腕には、自信があった。その腕前を活かし、記録係としてチームの足跡を押さえる。それを自分の役割と定めた。

ちなみに後日談になるが、本書に掲載されている、躍動感のある写真のほとんどは、野村がカメラで切り取った貴重な瞬間である。

チーム鈴鹿の紅一点、果たして勝利の女神となることができるか。

●医療従事者と母、二つの顔

愛知県刈谷市にある、野村眼科医院が、野村の職場だ。事務長として、医師であり代表でもある夫のサポートを行ってきた。

大学を卒業後、22歳で結婚し、義母が開業していた病院に入った。最初は患者の世話係をしながら、眼科検査員の資格を取り、できることの幅を広げていった。医療事務については、義母の手ほどきを受けて覚えた。

義母が亡くなったのをきっかけに、それまで勤務医として病院にいた夫が野村眼科医院を継ぎ、以来、夫婦二人三脚で歩んできた。

プライベートでは、3人の子どもに恵まれた。フルタイムで働きながら、子育ても行った。医療従事者としても、母としても、全力を尽くす日々だった。

現在では、子育ても一段落し、仕事もある程度、人に任せているという。子どもたちは、父の背中を追うように、全員が医師となった。

水泳、ゴルフ、旅行が趣味だが、いずれも中途半端なレベルではない。ゴルフはハンデ12というセミプロ級の腕前で、水泳ではマスターズの大会に毎年出場。旅行も年間で10万マイルものフライトを行い、まさに世界中を飛び回っている。

「やると決めたら、それに熱中するタイプかもしれません。何か目標をつくって、それに向かって努力し、成し遂げる達成感が好きなんです」

●写真の腕に優れた記録者

もともと写真を撮るのが好きで、手にはいつもカメラがあった。家族の軌跡を、ずっと記録し続けてきた。その経験が、チーム鈴鹿でもきっと役立つと感じ、記録係を買って出た。

「人生において、30代終盤から40代前半が、最も大変だった」と野村は語る。日々の仕事と、子どもたちの受験に、親の介護……。睡眠が満足に取れない日々が続いた。

無理がたたり、40歳で一度体調を崩し、半月ほどの入院生活を送った。

こんなことでは、人生が楽しめない。もっと体力をつけなきゃ。

それが、水泳を始めたきっかけだった。

45歳になり、一番下の子どもが大学に入って、子育てが一段落したところで、父が他界。遺産のなかにゴルフ会員権があり「使わなきゃもったいないから」と、ゴルフを始めた。

そのゴルフが、野村の世界を大きく広げてくれた。

これまで出会えなかった異業種の人とも親交ができたし、ゴルフと旅行を組み合わせて国内のみならず、海外の名門コース巡りも楽しむことができるようになった。

そうして人生を楽しんでいくなかで出会ったのが、谷田だった。

ビスビーズの話を聞いた瞬間、ぴんときた。

「これはきっと、すばらしい人生経験ができる。直感的にそう思いました」

文田 幹根
FUMITA MIKINE

チーム鈴鹿のホープ

カジキ釣りの経験はまだ浅いながら、ビスビーズにかける思いは、誰よりも熱い。それが、チーム鈴鹿の若手コンビの一人、文田だ。

情熱家で、常にポジティブ。どんな状況になっても、諦めることを知らず、希望を追う。その姿勢に他のメンバーも触発され、奮起する。

マリーナ河芸に置いてある友人の船で、初めてカジキ釣りに行ったのが2010年の夏。その釣行でいきなり88kgのファーストマーリンを上げるという幸運に恵まれた。

ただ、やはりカジキ釣りの世界は甘くはない。

以降、友人と20回以上トライしたが、カジキの顔を見るに至ってはいない。

しかしそれでも文田が、めげることはない。

「本当に難しい。でもだからこそ面白いんです。自分よりも大きなものにチャレンジするスリルと興奮、そして釣り上げた時の達成感。こんなにも楽しい遊び、ほかに知りません」

尽きぬカジキへの情熱で、ビスビーズ優勝を狙う。

●不動産会社を経営

文田は現在、不動産会社の経営者として忙しい日々を送っている。

三重県や愛知県の都市部にある不動産を扱い、5億、10億といった大型案件も手掛ける。

社会に出たのは、19歳。兄と二人で、金融系の会社を始めた。

「うちの父も、10代から金融ビジネスをやっていた人だったから、その影響は大きいと思いますね」

鈴鹿市に事務所を構え、兄弟で必死に働き、事業を軌道に乗せた。

しかし10年ほど経ち、法改正による規制などの影響から、ビジネスは徐々に下火になる……。

このままでは、先がない。

そう判断した文田は、大勝負に出る。

2002年に、当時流行の兆しがあったエステ事業に投資。

それまで蓄えてきた財のすべてを使った。

そして文田は、その勝負に勝った。

事業は成功し、エステスクールを含め8店舗を経営するところまで広がった。

「昔から、やる時は一気に勝負をかけるタイプ。リスクを取って大きく張らなきゃ、大きな成功はつかめないので」

その後、エステ事業を売却し、その資金を元手に、以前から興味があって勉強を続けてきた不動産の世界に飛び込んだ。

名古屋の繁華街に一人で事務所を起こし、最初は賃貸を中心にこつこつと実績を積み上げた。飛び込み営業に行くなかで、テナントの賃貸にニーズがあると感じ、力を注ぐようになった。5年も空いているテナントを埋めた時などは、オーナーは喜び、そうした実績が信頼につながっていた。

そうして不動産業界で11年、文田はさらに大きな飛躍を目指し、未来を見据えた勝負を続けている。

●カジキ釣りの魅力に取り憑かれる

三重県の漁師町の生まれで、釣りは幼少時代からやっていた。

昔はわんぱくで、台風のあとに、手製の筏《いかだ》で増水した川を下るような無茶もしたという。

社会に出てからは、仕事に熱中し、あまり釣りに行かなくなった。

しかし、不動産の会社を興したころにカジキ釣りと出会ったことで、状況が一変した。

船を所有している友人に誘われ、なんの気なしに海へと出たところ、1時間もしないうちに、ロッドが大きく曲がった。

「糸の先には、命の鼓動があり、食うか食われるかの真剣勝負なんだというのが、ロッドを握ってすぐに分かりました」

1時間近く格闘して、ようやく上がってきた時の達成感は、これまで感じたことのないものだった。

スリル、チャレンジ、そして達成感……文田は一発で、カジキ釣りの魅力に取り憑かれた。

そこから、来る日も来る日も、友人と船を出し続けた。

しかしまったく釣れない日々が続いた。

そんな文田の世界を広げたのが、谷田だった。

「マリーナ河芸に停泊する船のなかで、一番かっこいい船に乗っていたので、僕から話しかけていろいろ聞かせてもらったのが始まりでした。カジキ釣りについても、教えてもらいました」

ある日、ビスビーズに話が及んだ時、文田は迷わず立候補し、自分もチームに加えてくれるよう、谷田に頼み込んだ。

その後、谷田の導きもあり、自分で船を所有し、独力でカジキ釣りに挑むことを決意。操船や海の状況判断など学ぶことは多いが、日々研鑽を積んでいる。

FILE.7

谷　健太郎

TANI KENTARO

リーダー谷田を慕って

チーム鈴鹿最年少の若手であり、マリーナ河芸のカジキ釣り文化の次期担い手となるであろう存在が、谷である。

カジキ釣りの経験はほとんどないが、36歳という若さと体力、そしてパワーを武器に、海上ではあらゆるサポートを行い、航海を支える。

誰よりも谷田を慕い、谷田のためならどんな労も厭わない。

そんな谷を、谷田もまたかわいがり、さながら親子のようである。

谷の魅力は、その胆力と思い切りの良さにある。

谷田に直訴し、ビスビーズ出場を決めてからすぐに、船を買った。少しでもチームの力となれるよう、知識と技術の習得に力を注いできた。

「大海原に出て、自分よりも強い存在に勝負を挑むカジキ釣りには、大きなロマンがあると感じます。人生は一度きり。面白そうなことには全部、チャレンジしてみたいんです」

トラブルがあっても動じず、自分ができることに集中する。自らの倍以上もある巨大なカジキを前にしても、きっと臆することなく、立ち向かえるだろう。

●父を亡くして……

谷は、三重県桑名市で砂利砕石販売や産業廃棄物処理を手掛ける会社の、5代目である。

「むこう100年、石を取り続けてもなくならない」というほどの広大な山を所有し、それを元手に着実に事業を広げてきた。

社長であった父は、谷が小学5年生の時、不慮の事故で亡くなった。

会社を継いだ親戚に、父のような経営の才はなく、2005年に破産、民事再生法の適用を受けた。

その際、地元の大手建設会社に目をつけられ、会社は支援を受けた。しかしその建設会社から送り込まれてきた社員は保身ばかりで、経営状況はすぐに悪化の一途をたどった。結局1年半ほどで、建設会社は手を引いた。

当時の社長は、父の弟だったが、その手もとに残ったのは、借金だらけの会社と、簡単には売れない田舎の山……。

そんな進退窮まった状況で、救いの手を差し伸べたのが、以前から姉の夫の知り合いである、谷田だった。

谷田は広大な山の土地を買収したうえ、土地の権利を谷家に貸し与え、月々払えるだけの土地代を設定した。その後、周辺の開発が進んで土地の価値が上がっても、谷田はその分の利益をのせようとはしなかった。

「自分にはなんの得もないのに、そこまでしてくれて……。谷田さんがいなければ、会社は潰れ、今の自分もありません。谷田さんには、本当に足を向けて寝られません」

谷田の恩に報いるべく、谷の母も、谷も、必死に地元に営業をかけ、父が築いた信頼を再び取り戻そうと奔走した。

そして、会社の経営が軌道に乗った2015年、谷は母からその座を引き継ぎ、社長となった。

●苦労を乗り越え、カジキに挑む

釣りは、小学生からやっていた。父と二人、堤防でハゼを釣ったのは、いい思い出となっている。

高校卒業後、苦しい状況にあった実家の会社で土木工事を手伝いながら、夜間には建築系の専門学校に通った。昼は肉体労働、夜は専門学校で勉強という生活を2年間続けたことで、谷の体はずいぶんタフになった。

専門学校を卒業し、会社の業務に専念してからは、大手建設会社から出向してきた社員とともに会社を立て直すためのハードな日々が続いた。

それをなんとか乗り越えたのは、「志半ばで逝った父のために、会社を立て直す」という思いがあってこそだった。

そんな忙しい仕事の合間をぬって出かけるようになったのが、海釣りだ。

知人の誘いでヒラメの乗合船に乗っているうち、そこから仕事が広がっていったため「釣りはコミュニケーションの優秀な手段だ」と気づいたという。

元来の好奇心も手伝って、次第に釣りの世界にのめり込んでいった。

公共工事に関連した依頼が多い谷の会社では、国の予算が使われるタイミングである9月から4月にかけてが繁忙期であり、夏は比較的、余裕ができる。

そんな仕事の都合も、夏に本シーズンを迎えるカジキ釣りに、谷が興味を持った理由の一つだった。

「尊敬する谷田さんが追求しているカジキ釣りとは、どんなものなのか。これから知っていくのが楽しみです。ビスビーズ優勝という谷田さんの悲願、そしてチームの目標を叶えるために、全力で挑みます」

第2章　ジャックポットを狙え！
7人の日本人挑戦者たち

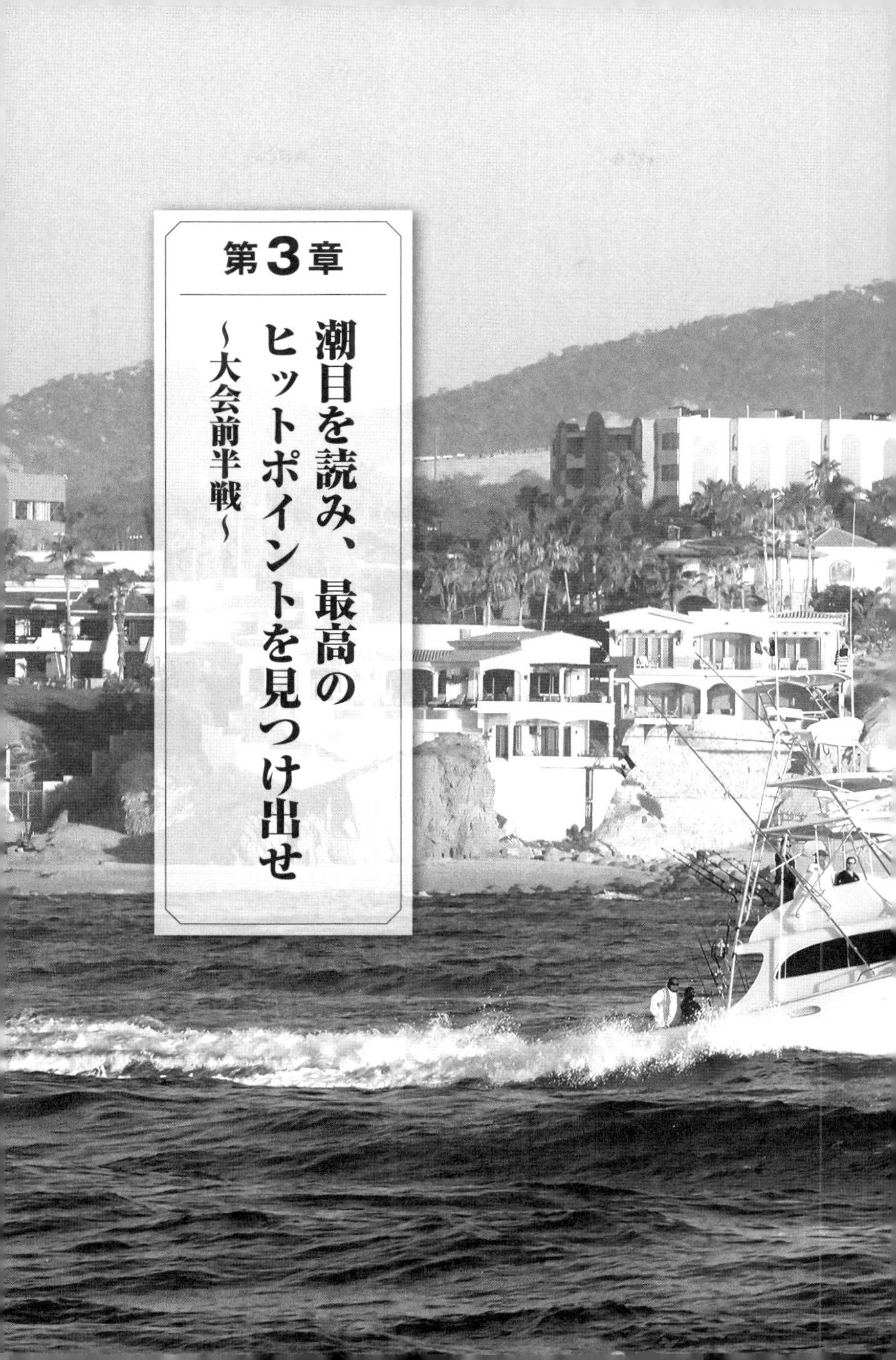

第3章

潮目を読み、最高のヒットポイントを見つけ出せ

〜大会前半戦〜

決戦の地、ロスカボスの喧騒

「123チーム、855名がエントリー 世界最大のフィッシングトーナメント、開幕！」

メキシコのバハ・カリフォルニア半島は、広大な砂漠を有する、乾燥地帯である。灼熱の太陽が地面を焼き、夏場には40度を超える場所も多くある。

そんななか、半島の最南端に位置するロスカボス地域は、比較的過ごしやすい気候であるが、それでも夏場は気温が30度を超える。

ビスビーズは毎年、夏の終わりに行われるが、この年は太陽がまだまだ勢いを失わ

アメリカ合衆国
ティフアナ
バハ・
カリフォルニア
コルテス海（カリフォルニア湾）
メキシコ
バハ・
カリフォルニア・スル
メキシコ湾
カボ・
サンルーカス
ロスカボス
太平洋

ず、暑い日が続いていた。

10月22日。

「ビスビーズ2019」の幕が、ついに上がった。

初日は、前夜祭である。

翌日から3日間続く本戦を控え、選手たちは、釣り場の下見をしたり、観光やショッピングにいそしんだりと、思い思いの時を過ごす。

今大会には、世界各国から123チーム、855名がエントリーした。

世界各国から集まった数百人の選手たちに加え、ビスビーズの観戦を兼ねてバカンスに訪れる観光客も、湾内に軒を連ねるレストランやホテルを占拠する。それを目当てに、メキシコの商魂たくましい物売りたちも地方から集まってくる。普段は静かな田舎町であるカボ・サンルーカスも、この時ばかりは喧騒に包まれる。

港には、20フィート（約6m）のフィッシングボートから90フィート（約27m）を超える最高級サロンクルーザーまで、あらゆるタイプの船がところ狭しと並び、各メーカーの最新モデルもちらほら見えて、さながら船の博覧会の様相だ。

そんななか、港の南西に停泊する60フィート（約18m）のクルーザーが、チーム鈴鹿のチャーター船である。

船の名は、オールイン

「どんなに経験豊富であっても運を味方につけなければ、勝つことはできない」

チーム鈴鹿が命運を託す船は、オーストラリアのヨットメーカー・リビエラ社のクルーザー。流れるような美しいフォルムで波の抵抗を可能な限り抑える設計となっている。1000馬力のエンジンが2機搭載されており、海上で時速30ノット（時速約56km）ものスピードが出る。

船尾には、船の名が記されている。

〝All In（オールイン）〟

ポーカーなどで、手持ちのチップを全部賭けることを意味する言葉であり、「オールオアナッシング」であるビスビーズにふさわしい。

船のオーナーは建築家で、ラスベガスにカジノを所有しているのが、その名の由来だろう。釣りを愛し、ロスカボスに別荘を建てて釣りを楽しみつつ、ビスビーズにも船を提供しているそうだ。

チャーター費用は、300万円。

通常ならもっと大きな船を借りられる値段だが、やや高額なのには理由がある。

実はオールイン号は、過去に一度、優勝を経験した船である。

船をチャーターする場合、現地の船長とクルーもついてくるのが一般的であり、オールイン号の船長を務めるニコが、この船で優勝を手にしているのだ。優勝経験のある船長やクルーの乗る船は、「運がある船」として人気が高い。

海の上では、その船の船長が絶対的な存在としてすべてを仕切る。自ら船長を務めるメンバーが多いチーム鈴鹿だが、オールイン号では、基本的にあらゆる決断を船長に委ねることになるから、船長に信頼に足る実績があるかどうかは、非常に重要なポイントとなる。

ニコは、1987年から船長を務めるベテランであり、故・松方弘樹氏のチームを率いた経験もある。そのニコとともに釣りのサポートをする現地クルー、タイガも、経験豊富で近隣の海を知り尽くしている。

ただし、こうした心強いパートナーがいても一筋縄ではいかないのが、ビスビーズである。

腕のいい船長やクルーがいれば、確かにカジキがヒットする確率を上げることができるが、そもそも広大な海で、個体数の少ないカジキを狙うのだから、そういつでも釣れるはずがない。どんなに腕が良くとも、どれほど海を知り尽くしていても、カジキと巡

り合えない日はある。

そしてビスビーズの優勝の条件は、「最も巨大なカジキを釣ること」である。

ヒットさせるだけでも難しいところに、さらに「大物を釣り上げる」という条件がつく。そうなってくると、結局は運に左右される部分が大きくなる。

どんなに船長の腕が良くとも、運を味方につけなければ、勝てない。

言い方を変えるなら、どの船にもある程度平等に、優勝のチャンスがある。

それがビスビーズの醍醐味でもある。

チーム鈴鹿、下見を行う

「カツオやマグロを狙って
その群れの下に寄ってくるカジキを狙え!」

本戦を翌日に控えたチーム鈴鹿がまず行ったのは、戦いの舞台となる海の下見だった。

朝5時半には、メンバーのすべてが船に集まり、ロッドやリールといった道具のセッティングが始まった。

チーム鈴鹿が用意したロッドは、「トローリングロッドの最高峰」と称されるビスケイン社のカジキ用ロッド。リールは、こちらも世界最高クラスという呼び声の高いケンマツウラと、シマノのカジキ用リールで、１３０ポンドという極太の糸を１０００m巻ける巨大なサイズである。

ルアーは、水沼がそのコレクションを持ち込んだ。ルアーの色と形の最適解は、そこにいるカジキの餌によって変わってくる。例えばカツオやサバを食べているならブルー系かグリーン系、シイラならグリーン系かイエロー系、イカならイカを模したスカートがついているもの、といった具合だ。その形状も、海面で派手に動くもの、緩やかに泳ぐものなど、その日のカジキの食いに合わせて選択することになる。

特にこだわったのが、魚をかける針。日本刀の刀鍛冶に鋼を打ってもらい、特注で作り上げた。

谷田、水沼、磯貝、内藤、そしてクルーのタイガにより、どんな怪物にも負けない最高の道具が、手際よく船にセットされていく。

MARIN
YETI

セッティングに1時間ほどを費やしたのち、ついに出航。

まだ薄暗いなか、船がゆっくりと動き出した。

文田と谷の若手コンビは、後部ウッドデッキに立ち、離れゆく街の灯を眺めていた。

「なんだか釣れる気がするんだ、おれは」

そう文田がつぶやくと、谷はにやっと笑った。

「本番前ですから、釣り過ぎ注意ですね」


ポイントまで船を走らせていると、太陽がゆっくり上がり、船も海面も美しい朝焼けで染まる。海は穏やかで、波風はほとんどない。

水平線から太陽が完全に顔を出し、あたりが明るくなってくると、途端に気温が上昇し始めたのが体感的に分かる。

灼熱の地メキシコの太陽が、その本領を発揮しつつあった。

「これは、暑くなるわね」

野村はそう言って、羽織っていた上着を脱いだ。

船中では、カジキ釣りのベテラン勢がソファーに座り、軽い朝食を取りながら、使うルアーについて話し合っていた。

海を眺め、ロッドを触り、タイガに語り掛け、デッキからいつまでも戻ってこない若手コンビの様子を見て、谷田は笑った。

「気負い過ぎだ。そんなに〝釣りたい、釣りたい〟って顔してたら、それが魚に伝わって、逃げてしまうぞ」


2時間ほどで、ポイントに到着。

さっそく、ロッドを出す。

トローリングは、ロッドとリールを複数本出し、船のホルダーへセットしてから、仕掛けを流す。手でロッドを握ってヒットを待つ一般的な釣り方とは異なり、魚がかかってからロッドを取り上げ、巻いていく。

複数のロッドを出すなら、船には「アウトリガー」を装備しておく必要がある。

アウトリガーを船の両サイドに広げた状態で、その先端や中ほどに糸を通し、仕掛けを流すことで、仕掛け同士の距離を保つことができ、より広範囲を探れる。

トローリングを目的として作られたオールイン号の両サイドにも、アウトリガーが装備されている。それにより、左右3本ずつと、真ん中に1本、最大で計7本のロッドと仕掛けを一挙に流せるようになっている。


下見では、5本のロッドを出すことになった。

ルアーはカジキ用のものに加え、やや小ぶりなカツオやマグロを狙う、小型ルアーもセッティングした。

「なぜカジキだけを狙わないの?」

野村の質問に、内藤が答える。

「ちょうどいいサイズのカツオやマグロがいれば、それを餌にするカジキもいる。それを調べておくんだ」

まずは1匹、上げること

「ついに始まった、アングラーとカジキとの戦い
果たして勝者は……」

ルアーを流し、船を走らせて10分もしないうちに、小型ルアーを流しているロッドのほうから「パチン」という音がした。アウトリガーに糸を誘導しているクリップが外れた音であり、それはすなわち、魚が食いついて糸を引っ張った証の音でもある。

「さっそく、来たぞ」

水沼がロッドを取り、落ち着いて巻いていく。2階のフライブリッジ（キャビンの屋根上に設けられた操縦席）でその様子を見ていたニコは船のスピードを落とした。

初めて釣れた魚は、何か。

全員がデッキに出て、かたずを飲んで見守っている。

5分ほどで、船のすぐそばに、魚体が浮き上がってきた。全体的に青く輝きつつ、時おり黄色の反射も見える。

「キハダだ」

磯貝が言うと、谷田がうなずく。

デッキに上がってきたのは、5kgほどのキハダマグロだった。

群れに当たったようで、その後もコンスタントに、同サイズのキハダマグロが釣り上がってきた。文田と谷が歓声を上げ、野村がカメラを向ける。

結局、ポイントに着いてから3時間ほどで、キハダマグロ6匹、カツオ1匹という釣果を得た。

「これは、カジキがいるかもしれんな」

谷田がそう口にした、直後のことだった。

10時23分。

パチンという音の直後、リールが「ジジジジジイィ」とけたたましく鳴った。

リールには、急な力がかかった際に糸が切れぬよう、引っ張られた分だけ糸を吐き出す「ドラグ」という機能が備わっている。ジイという音は、マグロやカツオよりもさらに強い力がかかってドラグが作動し、リールが逆回転したことを示す。

「カジキだ！」

そこでニコが、「ゴー！」の掛け声とともに、船を一気に走らせた。

船の加速により、針を魚の口にしっかりと食い込ませるためである。カジキ釣り師の間では、これを「ゴーをかける」と呼んでいる。

「よし、かかった！　はやく行け！」

水沼が叫ぶ。

慌てて文田が、ハーネスを腰に巻き、アングラーのために用意された椅子であるファイティングチェアに座った。

第３章　潮目を読み、最高のヒットポイントを見つけ出せ
～大会前半戦～

このハーネスとファイティングチェアは、ロッドの下部先端を差し込んで固定することで、身体全体を使って魚とやり取りできる。これがないと、アングラーは腕の力だけで魚とファイトせねばならず、大型のカジキを数時間かけてねじ伏せるような芸当はとてもできない。

カジキが暴れれば、「ジイイ」という音とともに糸が出ていく。隙を見てリールを巻き取っては、再びカジキが暴れ、「ジイイ」という音……。アングラーは、その繰り返しのなかで、少しずつカジキを弱らせ、船へと手繰り寄せる。一方のカジキは、必死に暴れ、時には海面に飛び出して、なんとか針を外し、糸を切ろうとする。

アングラーとカジキとの、戦いである。

ベテランのカジキ釣り師は、ヒットした瞬間の「ジイイ」という音の具合で、糸の先にどれくらいのサイズのカジキがいるのか、分かるという。

その言葉のとおり、さっそく、水沼はそのサイズに見当をつけ始めていた。

(今の感じだと、大きくはない。おそらく50kgクラスだろうな)

そんな心中を察したように、谷田が言う。

「どんなサイズでも、まずは1匹、上げることだ。それで勢いがつく」

確かに下見とはいえ、チームの釣果には違いない。

「かかったら、釣ってみるか。いい経験になるから」と、事前に谷田にアングラーを任された文田が、リールを巻き、糸を手際よく手操っていく。

文田は過去に、アングラーとしてカジキを釣り上げた経験を持っている。チーム鈴鹿のなかでこそ若手だが、釣りの経験も豊富で、その腕は一般的な釣り人をはるかにしのぐ。しかも大舞台に強い、勝負師でもある。

息もつかせぬカジキとの攻防が続く。

しかし、文田が勢いよくロッドを煽り上げた瞬間、突如カジキが暴れ、沖で大きく

ジャンプした。
ぷちん。
急にロッドの抵抗がなくなり、文田は反動で後ろにのけぞった。
そして、軽くなったロッドとリールを呆然と見つめた。
肩を落とす文田に向かって、谷田が笑顔で言った。
「こんな時もある、カジキ釣りは。難しいからこそ、面白い」

その後、ぴたりと当たりが止まった。
マグロやカツオも上がってこなくなった。
海の状況が変わったのだ。
それを受け、チーム鈴鹿は12時を回ったところで、下見を終えて港へと戻ることにした。

「悪くない海域だったな」

谷田は、手ごたえを感じていた。


なお、船がマリーナに入る直前のところで、思わぬ闖入者がデッキに現れた。

後ろからザバッという音が聞こえ、振り返った野村は、驚いて声を上げた。

「何か、船に乗ってきてるよ！」

それは、野生のアシカだった。

背丈は１００㎝ほどだが、ぽってりと脂肪を蓄え、１００㎏近くはありそうなサイズだ。

アシカは、このあたりにはたくさん住み着いていて、こうして釣り船や餌売りの船のおこぼれにありつこうと、帰港を待ち構えているらしい。

タイガが慣れた様子で、釣った魚を与えた。

アシカはそれを一口で飲み込むと、満足げに「オウッ」と鳴き、海へと戻っていった。

釣り人の特権

「下見で釣ったカツオをすぐ調理！最高の味で、チームの英気を養う」

マリーナに戻ると、ちょうど昼時ということもあり、レストランは人で溢れていた。船を降り、ホテルまで歩いて5分の道すがら、物売りたちやショップからひっきりなしに声がかかる。

午後は各自、ホテルで休憩したのち、ふたたび夕食時に落ち合い、明日の最終チェックを行うこととなった。

18時に、ホテル脇のメキシコ料理店に集合。メキシコ料理には肉料理が多いが、湾岸地域では、セビーチェ（魚介のマリネ）などシーフードもよく食卓に上がり、店側も魚の扱いを心得ている。

実は皆が集まる1時間前に、谷田は店を訪れ、料理を一つ注文していた。

乾杯とともに、さっそくその料理が運ばれてきた。

「本日のスペシャルメニューだ」

大皿に、赤身の刺身がずらりと並んでいる。切り口の角がしっかりと立っており、見ただけで新鮮だと分かる。

「おお、カツオだな。もしや今日釣ったやつか」

水沼の顔が、思わずほころぶ。

「そうだ。日本から持ってきた醤油と出汁で、漬けにしてある。それを切ってもらった」

粋な計らいに、メンバーから歓声が上がった。

さっそく谷が、箸を伸ばす。

「うん、うまいです！　この新鮮さは、釣り人の特権ですね。ご飯が欲しくなるなあ」

「ここはメキシコだ、テキーラでがまんしとけ」

そう言って、内藤が笑った。手にしているテキーラのショットグラスは、空である。

本戦を翌日に控え、皆、気分が高揚していた。酒がどんどんなくなっていく。

頃合いを見て、谷田が言った。

「よっしゃ、明日も5時半集合だ。今日はもう寝て、万全の状態で明日を迎えよう」

ホテルに戻り、メンバーたちがそれぞれ眠りについてからも、外の喧騒はしばらくやむことはなかった。

第4章

立ちはだかる強豪たち
操船・ルアー・仕掛け……
一つの選択が勝敗を分ける

～大会後半戦～

【本戦1日目】

いざ、本戦開始！

「5……、4……、3……、2……、1……、ゴー！

123艇のクルーザーが一斉にスタート！」

朝、5時半。

ホテルの隣にあるマーケットはすでに開いており、メンバーたちはそこでトルタ（メキシコ風サンドイッチ）とコーヒーの朝食を買った。

船には、ニコとタイガの姿があり、出港準備に余念がない。

メンバーはキャビンに集まり、今日使うルアーと流し方の相談を行った。

「今回出すロッドは、５本。そのうち右舷に出す２本は、ニコやタイガが普段やっている現地の釣り方をしてもらう。真ん中と左舷の２本は、日本流のやり方でいく」

谷田の言葉に、一同がうなずく。

昨晩の和やかな雰囲気とは一転し、緊張感と熱気がキャビンを満たしている。

空がようやく白んできた6時半、ついに船が動き出した。

スタート地点に指定された海域は、港から5分ほど走ったところにある。

港を抜ける前に、船が一度止まった。

するとすぐに、周囲に幾艘か浮いていた小舟が集まってきた。

タイガがそのうちの一艘に手を挙げると、すぐに小舟がオールイン号のデッキの脇まで来た。

小舟に乗った若者が、その船の中央にある生け簀に網を入れると、１kgほどの大きさのアジやカツオが10匹前後、すくい上げられた。

その様子を興味深げに眺める文田と谷、そしてカメラのシャッターを切る野村に、磯

貝が解説する。
「こっちでは、ライブベイト（生きた餌）を針にかけて泳がせて釣ったり、デッドベイト（死んだ餌）をトローリングしたりして、釣るやり方をよくする。そのために必要な生餌を売る餌屋が、こうして小舟で待機してるんだ」
谷田が続ける。
「カジキを見つけるまでは、ルアーで広範囲に探る。ライブベイトやデッドベイトは、魚がいると分かってから流す。そんなふうに使い分けてるみたいだね」

餌を仕入れたら、スタート地点に向かう。

指定のスタート海域は南北に広く、北のポイントを目指すならできるだけ北、南のポイントなら南にあらかじめ陣取っておいたほうが、先にポイントに入るチャンスが広がる。

なお、トーナメントの海域は、A1からH8まで64に区切られている。昨日下見で訪れたのはB1、B2の北側のエリアだった。

スタート地点へと船を走らせていくなかで、内藤はすぐに違和感を持った。

「昨日のポイントには、行かないつもりだな」

オールイン号は、確かに船首を南に向けて走っている。

「ヒットもしたし、てっきりあの場所で勝負するかと思ったが……」

谷田に言うと、落ち着いた声が返ってきた。

「まあ、情報を持っているのは船長だ。ニコに任せよう」

第４章　立ちはだかる強豪たち
操船・ルアー・仕掛け……一つの選択が勝敗を分ける
～大会後半戦～

のちにニコが語ったところによれば、当日は南のほうの水温が上がり、コンディションが良かったのだという。実際に南へ向かった船のほうが、北へ航路を取った船よりも圧倒的に多かった。

オールイン号は、南の海域に船を停泊して、スタートの瞬間を待った。

そして8時直前、カウントダウンが始まった。

「5……、4……、3……、2……、1……、ゴー！」

まだ朝日の余韻が残る薄赤い光を左舷に受け、オールイン号は全速力で走りだした。

周囲に浮かぶ123艇ものクルーザーが一斉にスタートし、至るところで歓声が上がる。その様子は壮大で、さながら大規模なモーターショーであった。

ビスビーズ本戦の幕が、ついに切って落とされた。

一触即発！　ライバルチームとの駆け引き

「飛び交う〝ヒットコール〟情報を制するものが、トーナメントを制す」

開始から1時間ほど走り、オールイン号はポイントに到着した。
海は静かで、風も波もさほどない。釣りやすいコンディションだ。
周辺には、ライバルたちの船影がちらほらと見える。
チーム鈴鹿は、作戦どおり5本のロッドを出した。
ニコとタイガの現地クルーは、自分たちが担当する2本のロッドに、デッドベイトを付けた。この海域に、すでに魚がいると踏んでいるのだろう。

一方のチーム鈴鹿は、まず日本のカジキ釣りにおいて実績の高いルアーを試すことにした。最初に付けたのは、黄色い蛍光色、ピンク系、そしてグリーン系の三つ。いずれも水沼が過去にカジキをかけたルアーである。


後部デッキからルアーを流し、8ノット（時速約15㎞）ほどの低速で引いていく。大外の2本のルアーは船からおよそ50ｍ離れた距離にセットし、真ん中は船から30ｍ、その左右のルアーは船から20ｍほどのポジションで、それぞれ流す。

「船からできるだけ遠いところを流すほうが、カジキが警戒しないんじゃないですか」

谷の疑問に、谷田が答える。

「そういうわけではない。船に一番近いルアーに食いつくことも多い。船のエンジン音や立てる泡を、小魚の群れがいるのと勘違いして、近寄ってくるんだ。時には、回収しようと巻き上げる最中、船のふちで食うこともある」

ルアーを引き始めて、20分ほど経った時だった。

「ヒット！」

2階にある無線のスピーカーから、興奮した声が響いた。

ビスビーズでは、カジキがかかった時点で、その事実と、どの海域にいるかを無線で本部に報告するよう義務付けられている。これをヒットコールといい、ライバルたちのいずれかがカジキとの格闘に入ったことを示すものだ。

以降も、15分から30分に一度のペースで、ヒットコールが入る。

「今よりもさらに南の海域で、よくヒットしているようだね」

内藤がそう分析する。

「では、僕らももっと南に行くべきでは？」

文田が谷田にたずねる。

「いや、ヒットコールは実はどこまで本当か、分からない」

谷田は冷静な表情で、ヒットコールに聞き耳を立てる。

WARNING:
VHF MARINE IC-M604
SUBMERSIBLE

本来であればもちろん、ヒットした海域を正確に本部へと伝えねばならない。

しかしそこは、大金のかかったトーナメントである。

カジキの潜む海域を見つけたことを、素直に報告する船ばかりではない。

なかには、まったく別の海域でヒットしているのに、ほかの船のヒットコールを真似た虚偽の申告を行う船もある。

また、同じ海域にいる船からヒットコールが入れば、その船を探す船もいる。カジキはつがいでいることも多いため、１匹釣られても、もう１匹が潜んでいる可能性があるし、ヒットコールを入れた船が魚を取り逃がせば、それを自分たちが狙えるからだ。

広い海域の至るところで、こうしたライバル同士の熾烈な駆け引きが繰り広げられている。

船をどう動かすか、最終的な決定をするのは、船長のニコである。

結局ニコは南のヒットコールに追随せず、今のポイントで粘るという選択をしたが、２時間後、その判断が正しかったことが証明されることとなる。

ついに、本命がヒット

「うだるような暑さのなか、突如リールが鳴る これは間違いなく、カジキだ！」

海の状況を眺めていた磯貝の肩を、タイガが叩いた。

振り返ると、自分たちが流していた仕掛けについていた餌を、こちらに見せている。

「おお、食われてるな」

頭の部分を針にかけて流したサバの、下半分がきれいになくなっている。

タイガはその傷跡をよく確認して、磯貝に言った。

「シャーク」

サバは刃物で切ったようにすっぱりと食われていた。カジキは基本的に餌を丸のみするため、ほぼ歯がなく、噛みついてもこのような切り口にはならない。これほど鋭い歯を持つ魚といえば、サメしかいない。この海域には、サメも多数存在し、時にこうして餌を食ってくる。大型のサメが針にかかった場合、船に寄せると危険なので、サメと分かった時点で仕掛けを切ってしまうこともよくある。

その後、目立った動きもなく2時間が経過した。昼時に入り、太陽はいよいよ強く照りつけ、海面の輝きがまぶしい。うだるような暑さにデッキが支配され、メンバーたちが空調の効いたキャビンへと次々に避難していく、その最中のことだった。

12時25分。

「ジジジイィ、ジジジジィ」

リールから、カジキ釣り師の体中の血を沸騰させる、強烈な音が響いた。キャビンからデッキへ、磯貝が飛び出してきた。谷田と水沼もそれに続く。

真ん中のロッドから出ている糸の先、50ｍほどの地点の海面が盛り上がり、大きな背びれが見えた。

間違いなく、カジキだ。


すると、そこで船のデッキが少し沈み、爆発するかのようなエンジン音が響いた。

ニコがゴーをかけ、船を一気に走らせたのだ。

「早い！　まだだ！」

谷田がとっさに、声を張り上げた。

その瞬間、ジイイという音が止まった。

張り詰めていた釣り糸が、行き場を失ったかのように、たるんだ。

「バレた（針から外れた）か……」

水沼が、口惜しそうに言った。

谷と文田は、呆然として海を眺めていた。２階では野村が、構えていたカメラを静かに下ろした。

「ま、しょうがない。まだ始まったばかり、次に期待しよ」

谷田が努めて明るい口調で、皆を慰めた。


オールイン号は再び、トローリングを始めた。カジキがいることが分かったこの海域を離れず、流し続けた。しかしそこから、当たりがぴたっと止まった。


太陽が天頂から緩やかに下降し、陽光が次第に赤みを帯びてきたころ。

時計の針が17時を示し、トーナメントの規定時間が終了、初日のチーム鈴鹿の釣果は、ゼロとなった。


港へと帰る船中、チーム鈴鹿のメンバーの口数は少なかった。

カジキを逃したショックもあるが、穏やかとはいえ9時間、外洋で波に揺られ続けた疲労が一気に噴き出したのもあるだろう。

港に帰ったその足で、皆で夕食に向かったが、やはり疲れを引きずり、酒も昨晩より進まない。20時前に早々に解散し、明日に備えることになった。

【本戦２日目】
開始早々ヒットも、痛恨の合わせミス
「並大抵ではないビスビーズのプレッシャー ベテランクルーも、実力を発揮できない……」

翌朝、たっぷりと睡眠を取ったメンバーたちの顔に再び精気が戻っていた。

「今日こそ、釣れますように」

昇りつつある朝日に、みんなで手を合わせ、祈った。

タイガはリールにメキシコ・ペソの札を巻き付け、ヒットすればその札が飛んでいくようにした。そうして幸運の女神の関心を引こうという算段である。

メキシコにも、神頼みの文化はあるようだ。

今日攻めるポイントは、東。ニコいわく、海底が駆け上がり（急斜面）になっていて、そこに流れてきた潮がぶつかり小魚やプランクトンがたまりやすい場所を狙うという。

スタートとともに、船を一気に東へと走らせるが、追随してくる船は数艇のみ。昨日、多くのヒットコールがあった南側を目指す船が多いようだった。

1時間ほど船を走らせ、ポイントに着くころには、ほかの船の姿が一艇も見えなくなった。眼前に広がるのは、深い青をたたえた海ばかりである。

「ほかに誰もやっていないようなところで、大丈夫なんだろうか……」

そうつぶやいた谷の不安は、すぐに払しょくされることとなった。

トローリングを始めて、わずか10分。

「ジジジジジイィ」

すぐにメンバーたちが臨戦態勢に入る。

最も右側のロッドのリールが、激しくうなっている。

谷田がロッドのほうへと足を踏み出した瞬間、船のエンジン音が大気を震わせて響き渡った。

「早い、早いよ！」

水沼が叫んだその瞬間、ジイイという音が止まった。

釣り糸がたるみ、糸の先に確かにあった、生命反応が消えた。

うなだれる文田と谷、カメラを下げる野村……。

まるで昨日のリプレイを見ているようだった。

「また、ゴーが早い。もう少し飲ませてから、合わせなきゃ……」

磯貝がつぶやいた。

「ニコも、焦っているのかもしれないな」

谷田が言う。

トーナメントで賞金を獲得すると、その15％を船長とクルーに支払うというのがビスビーズの通例となっている。日本よりも物価の安いメキシコにおいて、彼らが手にできる賞金の価値は大きく、優勝すれば2年は遊んで暮らせるほどの額が転がり込んでくる。

だからこそ、ニコもタイガも、必死なのだ。

そして、日常にはないその必死さが、あるいは焦りにつながり、結果として「ゴー」が早くなってしまっている。谷田はそう読んだ。

百戦錬磨の船長ですら、普段どおりの力を出せない……。

それがビスビーズというトーナメントの、プレッシャーである。

（このままではだめだ、なんとか手を打たなければ……）

谷田は、状況を変える新たな一手を探していた。

第4章 立ちはだかる強豪たち 操船・ルアー・仕掛け……一つの選択が勝敗を分ける

～大会後半戦～

カジキは鳥を〝連れている〟

「最強コンビ、ついに動き出す！
鳥を追い、カジキの姿をとらえよ」

痛恨のバラしのあと、約1時間そのポイントを走ったが、カジキは姿を現さなかった。いくつかのヒットコールが無線から聞こえたが、どうやら北の海域でヒットが重なっているようだった。

11時半に、オールイン号は船首を北へと向け、航行を開始した。

「もしかすると、一昨日のポイントに行くのかもしれないいな」

内藤の読みどおり、船は小一時間ほど走ったのち、下見をしたのと同じポイントで減速した。

しばらくポイントを走り回ったが、当たりはまったくない。

「それにしても、なんでこんなにバレるんだ……」

「もしかすると操船の問題じゃないのか」

メンバーのなかで次第に焦りと疑念が膨らみ、空気が重くなっていく……。


そこで、谷田が動いた。

2階のフライブリッジに腰かけて操舵を続けるニコに、声を掛けた。

「お疲れさん。暑いなかぶっ通しで操船して、大変だろ。ちょいと、キャビンで涼んできたらどうだ。その間、おれが舵を取るよ」

ニコはそれに従い、船の舵を谷田に預け、キャビンへと降りていった。

谷田が操船を始めてすぐに、水沼もフライブリッジに上がってきた。

「最強コンビがそろったな」

谷田が笑い、水沼がうなずく。

「さて、どう攻める」

「鳥山を、探すか」

谷田の提案に、水沼はにやりとした。


〝カジキは鳥を連れている〟

ベテランぞろいのマリーナ河芸のカジキ釣り師なら、経験的に知っていることである。

とはいえ、実際にカジキが海鳥を呼ぶわけではない。

海鳥たちは、その優れた視力により、海面下20ｍほどを泳ぐ魚の群れも見分けられるという。やや深いところにいる魚を見つける際、海鳥は上空高くを旋回して、群れの魚影を探す。そうして見つけた群れが浮き上がってきたら、自身も降下し、海面近くを飛んで魚を狙う。


では、魚の群れが海面に浮き上がる状況とは、どんなものか。

第４章　立ちはだかる強豪たち
操船・ルアー・仕掛け……一つの選択が勝敗を分ける
～大会後半戦～

群れを襲うフィッシュイーターは、逃げ場のない海面に餌となる魚を追い詰めようと、下から上へ追い立てる。小魚が浮き上がってきたなら、それを下から狙う中型の魚がいるはずだ。そしてその中型の魚を狙う大物、すなわちカジキもまた、そこに集まってくる。

つまり、海鳥が海面に急降下して魚を獲っているようなポイントの下には、カジキがいる可能性が高く、海鳥がカジキを探す目安となるのだ。

見渡せば、はるか遠くの上空に、ポツンと一つの白い点がある。

谷田はそのわずかに見える点に向かい、さっそく舵を切った。

どこまでも、海鳥を追って

「もっと集まってこい、鳥山になれ！ついにつかんだ、魚の気配」

高いところをふわふわと飛び、気まぐれに旋回を繰り返す海鳥を追い続けるのは容易ではないが、谷田の操船技術もあり、なんとか見失わずにすんでいた。途中でニコがフライブリッジに戻ってきたが、操船を代わろうとは言わず、谷田の舵取りを興味深そうに眺めていた。

1時間以上、空を凝視して海鳥を追いかけていただろうか。谷田は目頭を押さえ、疲労がたまってきた目を休めた。

第4章　立ちはだかる強豪たち
操船・ルアー・仕掛け……一つの選択が勝敗を分ける
～大会後半戦～

そして再び海鳥に目をやると、どうも先ほどよりも、低い位置にいるように思えた。

そこから5分ほどで、海鳥は明らかに下へと降りてきていた。

しかも1羽だったはずが、いつの間にか2羽に増えていた。

「いいぞ、もっと降りてこい。もっと集まってこい、鳥山になってくれ」

谷田がそうつぶやいていたころ、水沼は新たなルアーを試そうと、今まで使っていたルアーをいったん船に引き上げた。

左舷の左端にあるロッドの仕掛けを巻き上げ、そのルアーを手に取った時、水沼は強い違和感を持った。

ルアーのヘッド部分をよく見ると、今までなかったわずかな擦り傷がついていた。ヘッドからつながっている釣り糸もまた、ざらざらとしており、表面が傷ついているようだ。

（これは……カジキがビルで叩いた跡かもしれない。きっと知らん間に、触りに来てたんだ）

水沼はルアーを変えることをやめ、再びそのルアーを海へと流した。


15時20分。

海鳥は10羽以上に増えて鳥山となり、海面近くを飛ぶようになっていた。

そして海鳥の下の海面が、まるで沸騰しているように、ボコッ、ボコッとうごめいているのが見て取れた。

「ナブラが立っている！」

いつも冷静な内藤が、興奮した声を上げた。

捕食者に追われた小魚が海面に飛び出てできるさざ波を、ナブラと呼ぶ。谷田がなによりも探し求めていた光景だった。


ほどなくして、波や飛沫のサイズが大きくなった。

より大きな魚まで、追われて海面へと上がってきているのだ。


「ルック！」


タイガが海面を指さした。

谷が目をやると、丸太のような黒い何かが視界を横切り、海面へと消えた。

デッキ右舷に立つ谷の目線は、海面から２ｍ以上の高さにある。

そこを、70㎝はあろうかという魚が飛んでいる……。谷は目を丸くした。

「今のって、マグロですか？」

内藤が答えた。

「おそらくそうだ、下見で釣ったくらいのサイズの、キハダマグロだろ」

一方の左舷では、文田が海面をじっと睨んでいた。

「海が、光っているぞ!」

野村が目をやれば、確かに水中で光る影がいくつもあり、船が走るのと同じ方向に高速で移動していた。

「これって……魚の群れだよね」

チーム鈴鹿に、最大のチャンスが訪れていた。

「カジキだ！」

「ついに始まったカジキとのファイト
最強の海の王者を、ねじ伏せられるか」

15時47分。

待ちに待った音が、リールからけたたましく響いた。

「ジジジジ、ジジジジジイィ」

そこでニコが動いた。

「ゴー！」

谷田の手の甲を握り、スロットル（船のアクセル）を前に倒してゴーをかけようとしたのだ。しかし谷田は、頑としてその手を動かさなかった。

「まだ早い！」

厳しい口調でそう言い、10秒ほど手をスロットルに置いたまま、待った。

そして……。

「ここだ！」

谷田が吠え、一気にスロットルを前に倒した。

エンジンが、うなりを上げる。船は飛び出すように、急加速した。

ジイイ、ジイイイ……。

ゴーをかけても、リールのクリック音が途絶えることはなかった。

「よっしゃ、かかった！　ヒットだ！」

水沼が大声で、デッキに向かって叫ぶ。

ハーネスを腰に巻いて待機していた磯貝が、すぐに左舷のロッドに飛びついた。

　ファイトが、始まった。

　全身のパワーを使ってロッドを煽り、リールを巻く磯貝。

　すると、１００ｍほど先で、黒々とした巨体が躍り上がった。

　海面から全身を現して跳ね飛ぶその姿が、尾びれで海面を歩いているように見えることから「テールウォーク」と呼ばれる、カジキの全力の抵抗だ。

「カジキだっ！」

　谷が叫んだ。

　カメラを構える野村の手は、興奮で震えていた。

最高のチームプレイ

「どうか、キャッチさせてくれ……
メンバーの祈りは、天に届くか」

デッキは、いつになく静かだった。

ファイティングチェアで、必死の形相で戦いを続ける磯貝が、足を踏ん張ってリールを巻く音が、やけに大きく響いていた。

誰も、声を上げようとはしない。食い入るように、糸の先を見つめている。

みんな、気持ちは同じだった。

（頑張れ……、どうか、キャッチさせてくれ）

大声を上げたとたんに、またバレてしまうんじゃないか。野村はそう思い、祈るような気持ちで見つめていたという。

リールを巻き取る、磯貝。カジキが暴れるたびに、リールが逆回転して糸が出ていく。

それでも少しずつ、カジキの魚影が、船に寄ってきているのが分かる。

ファイトは、45分に及んだ。

ついに、カジキが左舷の横に、浮かび上がってきた。

タイガがそこで、リーダーを取ってカジキを手繰り寄せ、すばやくビルをつかんで一気に船上へと引きずり上げた。日本のカジキ釣り師たちはまずやらない危険な荒業だったが、逃すものかという気迫がこもっていた。

そして、16時32分。

ドンっと大きな音を立て、カジキがデッキに横たわった。

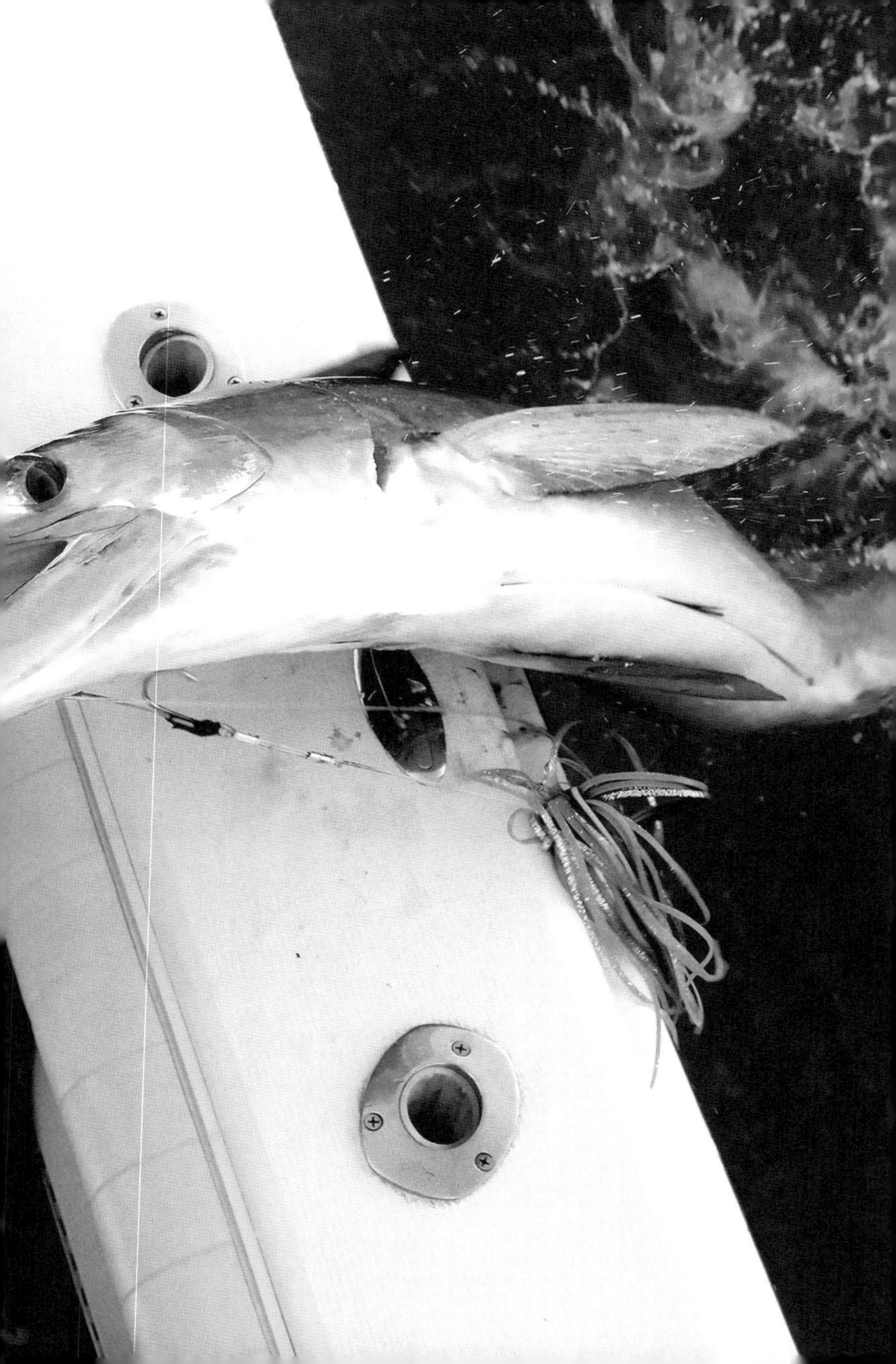

第４章　立ちはだかる強豪たち
操船・ルアー・仕掛け……一つの選択が勝敗を分ける
～大会後半戦～

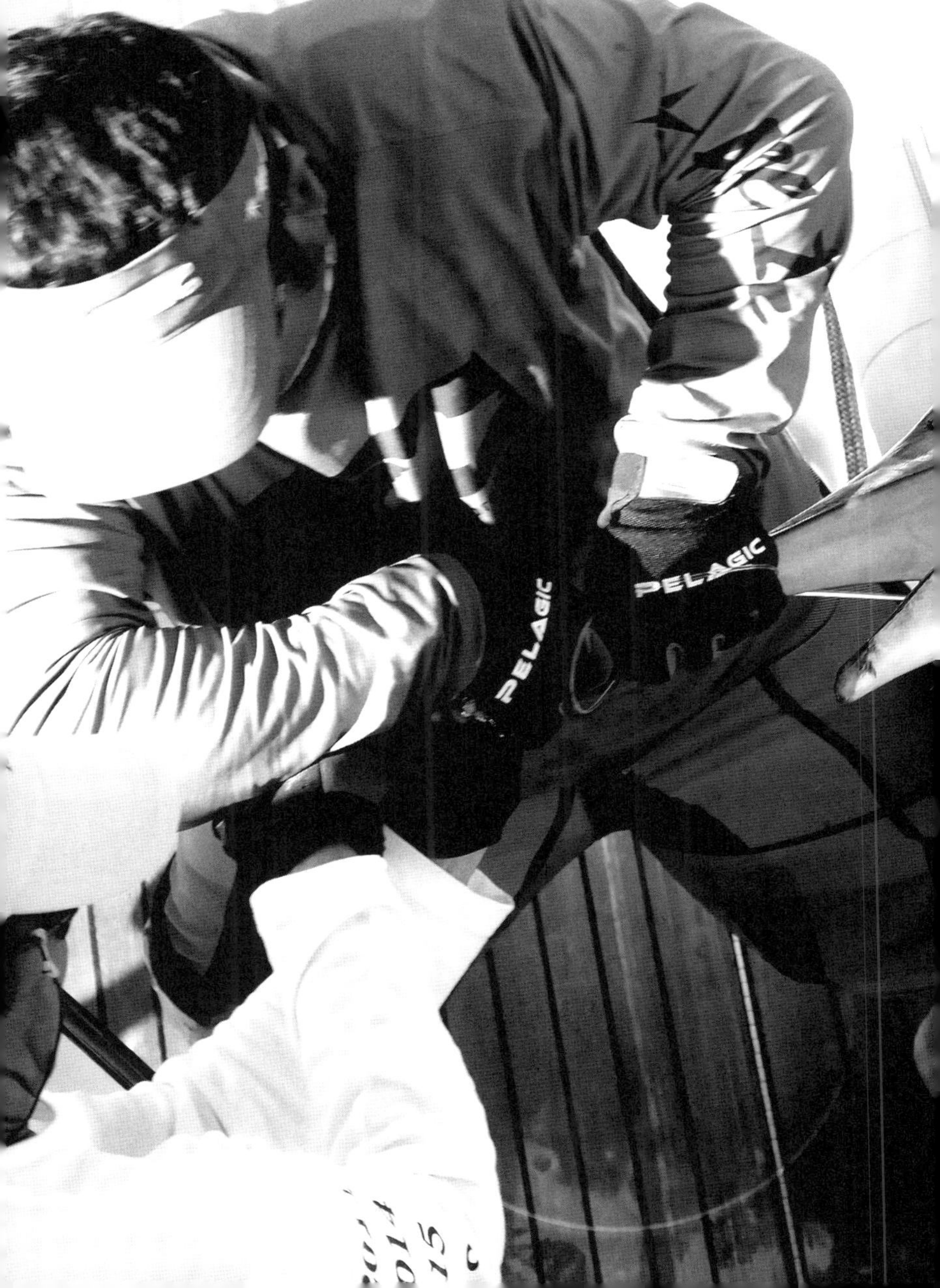

そこで、メンバーの感情が爆発した。

「やった！」

「よっしゃあ！」

「釣った！」

それぞれの思いが、叫びとなってほとばしり、船上は歓喜で包まれた。


「証明写真を撮るぞ」

大騒ぎのデッキで、内藤が声を張った。

釣り上げたカジキのサイズは、見る限り80kgほど。港へと持ち帰ってよい300ポンド（約136kg）には、残念ながら届いていない。したがって、記録に残したうえでリリースとなる。

そこで必要なのが、写真撮影だ。当日に運営本部が発表するアイテムと一緒にカジキの写真を撮り、そのカジキが今日釣れたものであると証明しなければならない。

指定されたアイテムであるスマートフォンを、谷がカジキの横に並べる。野村がカメラで、それをしっかりと記録した。

リリースサイズとはいえ、ひとまず1匹釣ったことで、いずれかの賞に絡める可能性が出た。なにより、これまで何度も魚をバラしてきたことでたまっていたフラストレーションを一気に吹き飛ばす、価値ある1匹だった。

水沼がカジキの口元から、かかっていたルアーを回収した。

そのルアーは、水沼が「カジキが触っている」と予想し、再び流し入れたルアーにほかならなかった。

鳥を追い、カジキのいる海域へとたどり着いた、谷田。
すばらしい洞察力でヒットルアーを見抜いた、水沼。
持ち前のパワーとテクニックでカジキを釣り上げた、磯貝。
ベテラン3人の完璧なチームプレイが、初の釣果を引き寄せたのだ。

第４章　立ちはだかる強豪たち
操船・ルアー・仕掛け……一つの選択が勝敗を分ける
～大会後半戦～

絶頂からの、絶望

「釣り上げた喜びと興奮が観察眼を狂わせる そして立ちはだかった、残酷な現実……」

カジキを海へと返したあとも、しばらく船上は沸き返っていた。

興奮冷めやらぬなか、野村は、自分が撮った証明写真を見返していた。

（大丈夫、きれいに写ってる）

そう自信を深めているところで、谷田が後ろからカメラのモニターをのぞいてきたため、野村はカメラを手渡した。谷田はモニターに顔を近づけ、食い入るようにカジキの写真を見ていた。その雰囲気に、野村はただならぬものを感じた。

その後、谷田は険しい表情でタイガに近づき、声を掛けた。

「ストライプか」

するとタイガは、浮かない表情で答えた。

「メイビー（そうかもしれない）」

その会話で、水沼、磯貝、内藤はすぐに、事態を察した。

慌ててカメラの前に集まり、写真をじっくりと観察する。


「このヒレの高さは……」

「本当だ」

「ああ、気づかなかった」


訳が分からないといった表情の他のメンバーに対し、谷田が感情を抑えた声で言った。

「今のカジキは、おそらくストライプドマーリンだ。ブラックやブルーではない。だから釣果としてカウントされない」

成熟しきっていないサイズのカジキだと、ブルーマーリンとストライプドマーリンの魚体は酷似し、色もほぼ変わらない。釣り上げてしばらくすると、ストライプドマーリンのほうは、その名のとおりストライプ模様が体表に浮かび上がってくるのだが、釣ってすぐだと、見分けるのが困難だ。

加えて、釣った喜びや興奮が、詳細に魚体を観察する目を曇らせる。

その結果、背びれがわずかに高いというストライプドマーリンの特徴を、誰もが見逃していたのだった。

皆が、言葉を失った。

波が船体に当たる音だけが、ただ響いていた。

「今日はもう、終わりだ」

谷田の言葉に、反対するものはいない。

残り時間15分ほどを残し、オールイン号は、港へと船首を向けた。

【本戦３日目】最後の戦い

「最後まで絶対に、諦めない
リスクを取ってでも、カジキをかける」

最終日を迎え、船に集まったメンバーたちの表情は、思いのほか明るかった。

「まだ1日もある、十分だ」

「最後の最後で釣ったほうが、ドラマチックでいい」

「笑っても泣いても、今日しかない、楽しまなきゃ損だ」

和やかに談笑し、互いにポジティブな言葉をかけあっていた。

スタート前、気晴らしも兼ねて、餌に使う魚を釣ることになった。港から50ｍも離れていないところで、若手コンビがロッドを握り、文田は50㎝のカツオ、谷は40㎝ほどのサワラを釣り上げた。

その後、小舟で周回している餌屋から、タイガがいつもよりも多い量のベイトを買った。最終日は、現地の釣り方をメインに勝負をかけることになっていた。

狙うポイントは、初日に行った、南の海域。

2日間を通じて最もヒットコールが多くかかっており、激戦区となることが予想されたが、あえてその舞台で戦うことを選んだ。

スタートと同時に、フルスロットル。船のスピードは見る間に30ノットを超え、最高速度へ到達した。ほかの船よりも少しでも早く、ポイントに入りたいという、ニコの思いの表れだった。

ポイントに着いてすぐ、７本のロッドを出した。

たくさんのロッドを出せばヒットする確率も上がるが、そのぶんルアー同士の間隔が狭まり、カジキがかかった際に、ほかの仕掛けと絡まるなどのトラブルが起きるリスクも高まる。

リスクを取ってでも、まずはカジキをかける。

それが、チーム鈴鹿の選択だった。

無情の海に散る

「打てる手はすべて打った……
それでもリールが鳴ることは、なかった」

2時間ほどトローリングを続けたが、カジキの気配はなかった。

そこで谷田は、予定どおり、現地の釣り方に切り替えることにした。

船を微速にし、針の付いたライブベイトを自由に泳がせて、カジキがかかるのを待つという「泳がせ釣り」を行うよう、タイガに指示を出した。

昼を過ぎたあたりから、うねりが次第に高くなってきた。

停泊しているオールイン号が、上下に大きく揺れる。

足元が不安定になり、メンバーがキャビンに入るなかで、文田だけがデッキに残り、じっとロッドの先を見つめていた。


泳がせ釣りでは、餌の魚が捕食者に追われると、必死に逃げようとするため、ロッドの先に伝わる振動が大きくなる。ロッドの先の振動が強まれば、ライブベイトにカジキが迫っている可能性があり、それから間もなく「ジイイ」という音が響くかもしれない。そんな海面下の攻防を想像すると、文田は一時もロッドから目を離せなかった。誰よりも可能性を信じ、誰よりも最後まで諦めず、海の変化に集中していた。


そして時折、ロッドの先の振動が激しくなることがあった。

明らかに、ライブベイトが何者かに、追われている。

しかし、そこまでだった。

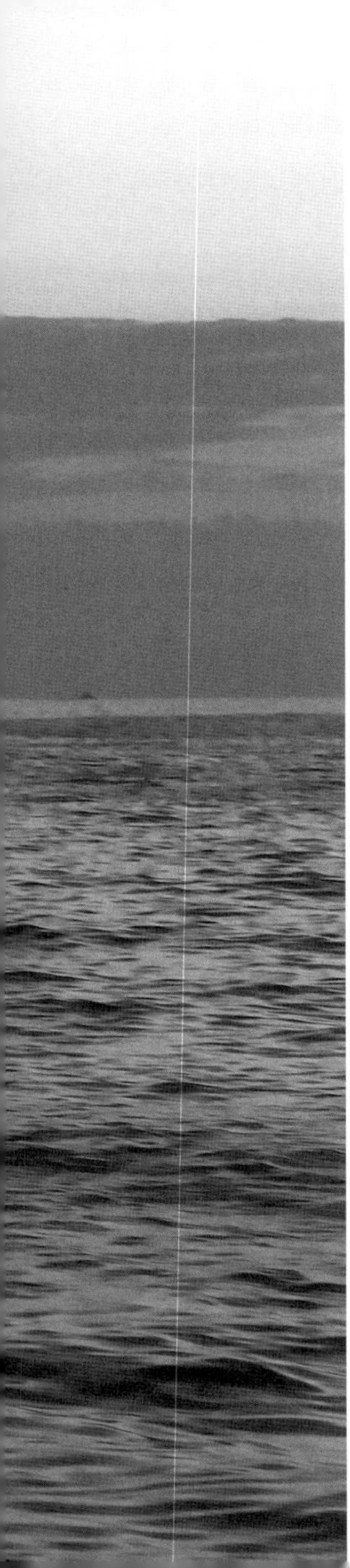

リールから音が鳴ることはなく、時間だけがただ、過ぎていった。
そんな状況にしびれを切らし、谷田は最後の賭けに出た。
残り2時間を切った段階で、再び7本のロッドを出し、トローリングへと切り替えた。
そうして打てる手はすべて打っても、カジキが姿を見せることはなかった。

そして、17時。
最終日は、たった一度の当たりすら出なかった。
チーム鈴鹿の挑戦は、無常の海に散った。

第４章　立ちはだかる強豪たち
操船・ルアー・仕掛け……一つの選択が勝敗を分ける
〜大会後半戦〜

第5章

再び、世界の頂を目指して。

終わらぬジャックポットの夢

「今回は、新たな始まり」（谷田）

2019年で、4回目の挑戦ということで、自分なりに腕を磨いてきたのですが、結果が出ずに残念でした。

今回は、マリーナ河芸が誇るすばらしいメンバーとともに参戦し、非常に楽しかったですが、ベストの布陣で臨み、力を尽くしても、釣れない時は釣れないのがカジキ釣りです。

一つ、反省点を挙げるとするなら、釣ろうという思いが強過ぎたことでしょう。

魚釣りを長くやっていると分かるのですが、「釣りたい」と必死になる人の針には、なぜか魚がかかりません。それよりも、初心者であったり、無欲でのんびり糸を垂れていたりする人の針に、かかるのです。

心の余裕が、魚を釣らせる。

最近は、特にそう思うようになりました。

２０１９年のビスビーズで優勝したチーム「Tranquilo」は、５７７ポンド（約２６２kg）のカジキを釣り上げ、ジャックポットをはじめいくつもの賞金を取っていきました。２１８万ドルを超える額を手にしたはずですが、聞いた話だと、それを全額、寄付したそうです。

彼らは賞金目的ではなく、純粋にビスビーズを楽しみに来ただけだったのでしょうが、結果的にそうしたチームが優勝するということが、過去に何度も起きています。

チーム鈴鹿としては、今回が新たな始まりだと思っています。

初めて参加したメンバーたちは、これで感触をつかみ、ベテラン勢もさらに釣りの引き出しを増やしたはずです。その経験から、次回は今よりもずっと自信を持ち、心にも余裕を持って、挑めるでしょう。

次回こそ、表彰台の一番高い場所に立てるのではないか。

そんな予感がしています。

「感覚はつかんだ、次回こそ」（水沼）

ビスビーズにはずっと出たかったけれど、これまではなかなかまとまった休みが取れず、谷田さんの誘いに応えることができませんでした。

念願叶って、ようやく参加することができ、まずはうれしく思っています。

初参加ということで、今回は様子見の部分もありました。私は基本的に日本の海しか知らないので、海外のカジキ釣り師たちがどんな釣り方をし、どんなルアーを使っているのか、とても興味がありました。

面白かったのは、デッドベイトに針と糸をくくり付けて、トローリングで生きているように泳がせる技術です。タイガがユニークな餌の結び方をしていて、勉強になりました。

唯一釣り上げたカジキのヒットルアーは、私が最も信頼をおくルアーで、日本での実績も高いです。日本で自分たちが使っているルアーが、海外でも通用するという手ごたえを感じました。

今回は残念な結果に終わりましたが、個人的には初回ということで、「まだまだこれから」といった感じです。

海の様子やトーナメントの雰囲気、そして賞金がかかっていることからくるプレッシャーは、ある程度分かりましたから、次回はもっといい釣果が上げられるはずです。

ビスビーズには、「何を差し置いても行きたい」という魔力のようなものがありますね。

また必ず、時間をつくって参加したいと思います。

「今はただ、次戦に備える」（磯貝）

いまだに、カジキとのファイトの余韻が残っています。

メキシコの強烈な日差しのなか、全力でロッドを引き、リールを巻き、体中の血が沸騰するようなあの感覚……。

やはり、カジキ釣りはやめられません。

今回のトーナメントは大きな賞金がかかり、アングラーとしてのプレッシャーは正直、ありました。自分の技術が及ばず、優勝を逃してしまったのだとしたら、これほど心苦しいことはありません。

カジキが針にかかり、やり取りしている最中に、だいたいの大きさはイメージできました。

海面から躍り出て、テールウォークをするカジキは、実はそれほどのサイズではないことがよくあります。３００kgクラスの大物は、身体が重過ぎて、そこまで大きくは跳ねません。

ただ、サイズというのは本当に運の要素が大きく、こちらの努力ではどうにもなりません。アングラーはとにかく、かかった魚を逃さないことに集中するだけです。

今回は、なんとかバラさずに釣り上げられたので、一安心です。

表彰台に上がることはできなかったけれど、個人的には役目を果たせたので、点数をつけるなら80点というところでしょうか。

次戦を目指し、釣りの腕をさらに磨いていきたいです。

「もう一度、ロスカボスへ」(内藤)

日本に帰ってきてしばらく、メキシコの太陽と海が、忘れられませんでした。

私は海にいるのが大好きなので、海の上で過ごせる時間が長いことも、カジキ釣りの魅力の一つだと感じています。

私は船に毎日、ビールをワンケース買ってから乗り込んでいましたが、見渡す限りの大海原と、抜けるように青いメキシコの空のもとで、のんびりとビールを飲むのは、至福の時でした。

下見で釣ったマグロを食べたのも、いい思い出です。

とにかくおいしくて、テキーラの杯がすすみました。

結果については、とても残念に思います。

個人的には2回目のチャレンジになりますが、両方とも表彰台には登れませんでしたから、やはり一度は、入賞したいですね。

もしチーム鈴鹿が来年度のトーナメントにも出場するなら、私もぜひ参加したいです。

もう一度、ロスカボスへ、このメンバーで行けるよう願っています。

釣りは、この先もできる限りずっと、やっていきたいです。

カジキもそうですが、ブリやサワラなど、食べておいしい魚を狙い、これからも船を出していきたいと思います。

「新たな世界が広がった」（野村）

カジキ釣りは初めてでしたが、新しいことにチャレンジするのが、とにかく好きなんです。

谷田さんから、釣れたカジキの大きさを競い合うトーナメントだと聞いた時は、ワクワクしました。

クルーザー、ロッド、仕掛けなど、楽しみながらも真剣に選び、自然の海を自由に泳ぐ巨大な魚を求め、追い続ける未知の世界に飛び込めたことが本当に楽しかった。

谷田さんから、「海鳥の下には小魚がいて、時々カジキが、その小魚をビルでピンと跳ね上げるのが見える」と聞いた時は、想像力を掻き立てられました。

釣りの知識はなかったけれど、メンバーの皆さんが本当に目を輝かせて熱中しているのを横で見ているだけで、なんだか幸せな気分になりました。

私は旅行が趣味で、世界のさまざまな場所に行きましたが、ロスカボスの海には独特の美しさがあり、空は高く、大地は淡い色をしていて、見たことがない風景が広がっていました。

自然との距離が近く、野生のアシカが船のデッキに上がってきた時は驚いたけれど、とても感動しました。

食事もおいしくて、シーフード料理があったのもうれしかった。

大満足の滞在となりました。

入賞には届かなかったけれど、カジキを釣り上げた時の、皆さんの顔は忘れられません。少年のように喜んでいるその純粋な姿が、うまく写真に納まっているといいのですが。

もしまた機会をいただけるなら、次回もぜひ連れていってほしいです。

「悔しさを胸に、すぐにでも、再び」（文田）

とにかく、悔しいですね。

自分のなかでは、ロスカボスの地に、何かを置いてきてしまったような感覚です。

やはりカジキは、そう簡単には釣らせてくれない。

カジキ釣りの難しさ、奥深さを、痛感したトーナメントでした。

谷田さんの操船は、本当に勉強になりました。

鳥を追って、カジキを見つけ、ヒットしても慌てずに、ひと呼吸おいてからあわせを入れる。「余裕が釣らせる」というのはこういうことかと、感動しました。

これまで僕は、友人が所有している船で釣りに出ていたのですが、それでは操船技術が磨けないので、つい最近、トローリング用に船を買いました。

今年の夏はとにかく海に出て、カジキ釣りの経験を積もうと思っています。

ビスビーズは、本当にスリリングなトーナメントで、毎年参加している人がいるというのもうなずける、中毒性があります。

次戦こそ、もっとチームの役に立って、優勝を狙いたいですね。


カジキ釣りは、自分の人生と重なり合う部分があります。

大海原での孤独な戦い、アクシデントと危険……でもその先に、釣果がある。

困難だからこそ、釣り上げた時の達成感は何物にも代えがたいものがあります。

一生、カジキを追っていきたいと思っています。

「研鑽を積み、レベルを上げる」（谷）

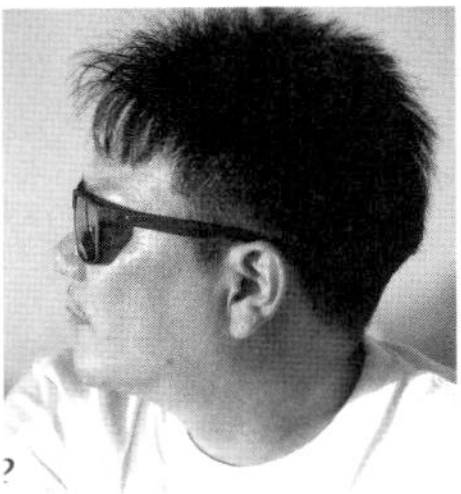

僕は常々、「人とは違った体験をしたい」と考えてきました。

一度きりの人生ですから、とにかくいろいろなことにチャレンジしてみたい。普通ではなかなかできないような体験をしてみたい。そう思っていました。

ビスビーズは、僕にとってそうした体験の最たるものでした。賞金がかかるプレッシャー、熱狂する町の雰囲気……すべてが新鮮で、あの場に行かなければ分からないものでした。

メキシコは、タイやフィリピンと気候や雰囲気が似ていましたが、独特な自然、そして深く青い海の色など、目を奪われるような美しさがありました。

カジキ釣りは、まだまだ初心者の域を出ませんが、頑張って腕を磨き、レベルを上げていきます。

谷田さんからすばらしい船を譲っていただいたので、これからが勝負です。

次回トーナメントにも、ぜひ参加したいですね。

日本人初の表彰台という、チーム鈴鹿の目標を叶えるお手伝いをしたいです。

僕にとっての釣りの魅力の一つが、おいしい魚を食べられること。

自分の船で、身体一つで海に出て、釣った魚を持ち帰れば、最高のお酒が飲めるでしょう。

これからも、いろいろな魚を狙って、海に出たいと思います。

おわりに

２０２０年、４月。

今日も、海へと出ていた。


暖かい日差しが海面に反射し、まぶしく輝いている。

柔らかな南風が心地よく、春の足音を感じる。

海も穏やかで、トローリングの最中であっても、揺れをほとんど感じない。


ロッドを出して10分ほどで、すぐに当たりがあった。

「おお、きたきた」

ロッドに伝わる魚の引きを楽しみながらリールを巻き上げていくと、青黒い背中が海面を割った。５kgほどの、カツオだ。

目には青葉、山ほととぎす、初ガツオ　（山口素堂）

そんな歌が残るほど、江戸っ子たちはこぞってこの時期の初ガツオを求めた。関東では初夏の風物詩であるが、ホームグラウンドである熊野灘には初春に群れが入ってくる。脂の乗りきらない時期だからこその、すっきりとして赤身のうまみを感じられる味わいが特徴で、旬の味を食べることを毎年楽しみにしているメンバーは多い。

釣り上げたカツオに、すぐ包丁を入れ、血抜きをしてから海水と氷を混ぜた「水氷」の中に入れる。

そのひと手間をかけるかどうかで、刺身の味がまったく違ってくる。

血抜きを終え、水氷のクーラーボックスにしまい、再び船を走らせた。

するとほどなくして、また当たり。

ロッドを手に取ると、今度は少し大きいようだ。

慌てず、同じペースでリールを巻いていくと、きらりと黄色い反射が海中を走った。

胴に黄色い模様が入った、キハダマグロだ。

海面近くまで上がってきてから、キハダマグロは急に暴れ出した。これはこの魚の常であり、海面近くで必ず暴れ出す。

魚が弱ってからデッキへ上げることにして、ロッドをしっかりと押さえ、釣り糸にテンションをかけながら、海中を走る黄色い筋を眺めていた。

すると、急に海水の色が暗くなった。

何かと思い、目を凝らした。

必死に泳ぐキハダマグロの下に、何か巨大な影が見えた。

３ｍはあるだろうか。

そして、その影の頭と思しき部分から長いビルが生えているように見えた。

「カジキか！」

叫んだ瞬間、影はすっと沈み、海水はもとの静けさを取り戻す。


その瞬間、メキシコの海が、脳裏にフラッシュバックした。

照りつける灼熱の太陽、インクブルーの深みのある水色。

そして船の下には、３００kgを超える怪物が潜んでいる……。


無意識に、ロッドをぎゅっと握りしめていた。

気づけばキハダマグロが力尽き、海面まで上がっていた。


魚をデッキへ引き上げ、血抜きを行ってクーラーボックスに突っ込んでから、淡々と帰港の準備を始めた。

「次回こそ、絶対優勝する」

言葉が自然に、口をついた。

熱狂のあの海へ、もう一度。
チーム鈴鹿再結成の日は、そう遠くないだろう。

All In
LAS VEGAS
NEVADA

Tequila Sunrise
Los Cabos
Team
Suzuka

BISBEE'S
BISBEE'S
BISBEE'S
infinitum

apan
Team

2014

PELAGIC

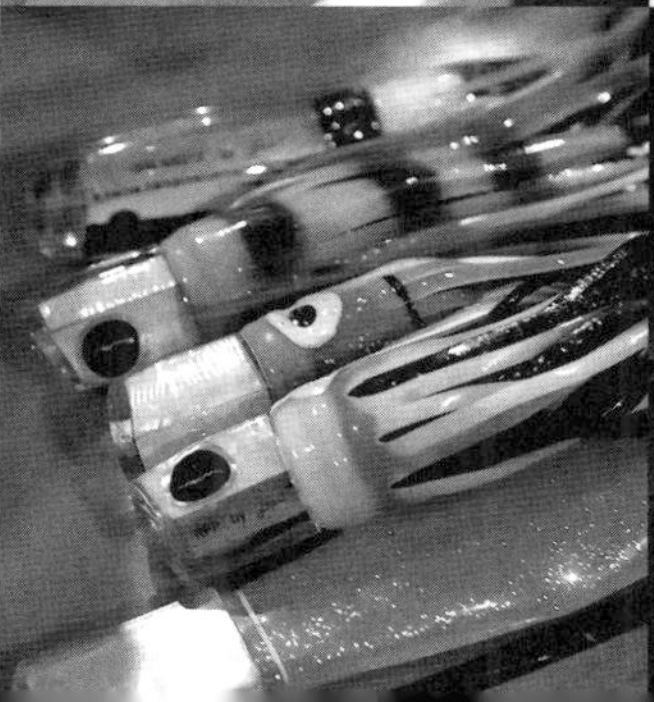

All In
LAS VEGAS
NEVADA

YELLOWFIN TUNA
LENGTH: 48 INCHES
WEIGHT: 45 LBS.
AT&T
AT&T USADirect
Authorizations sent to Jini !!!
2019
2020

【著者プロフィール】

チーム鈴鹿

谷田 育生

水沼 伸光

磯貝 哲

内藤 伸二

野村 佳子

文田 幹根

谷 健太郎

伊勢湾・マリーナ河芸に集った７人で構成された、カジキ釣りのチーム。釣りのキャリアが長く、経験豊富なベテランから若手までが揃い、一丸となって大海原に潜むカジキを追う。世界一のフィッシングトーナメント「ビスビーズ」で、日本人初となる表彰台を狙う。

本書についての
ご意見・ご感想は
コチラ

BISBEE'S
賞金総額世界一フィッシングトーナメント

2020年6月30日第1刷発行

著　者　チーム鈴鹿
発行人　久保田貴幸

発行元　株式会社 幻冬舎メディアコンサルティング
〒151-0051 東京都渋谷区千駄ヶ谷4-9-7
電話 03-5411-6440（編集）

発売元　株式会社 幻冬舎
〒151-0051 東京都渋谷区千駄ヶ谷4-9-7
電話 03-5411-6222（営業）

印刷・製本　瞬報社写真印刷株式会社
装丁　弓田和則

検印廃止
© TEAM SUZUKA, GENTOSHA MEDIA CONSULTING 2020
Printed in Japan
ISBN 978-4-344-92862-6 C0076
幻冬舎メディアコンサルティング HP
http://www.gentosha-mc.com/

※落丁本、乱丁本は購入書店を明記のうえ、小社宛にお送りください。
送料小社負担にてお取替えいたします。
※本書の一部あるいは全部を、著作者の承諾を得ずに無断で複写・複製
することは禁じられています。
定価はカバーに表示してあります。